대인관계 능력 및
리더십 향상을 위한

GRUPPEN TRAINING

Erfolgreich arbeiten in und mit Gruppen

집단 코칭

Rainer E. Kirsten · Joachim Müller-Schwarz 공저 | **오현숙** 역

학지사

역자 서문

　인간이 삶을 독립적으로 살아갈 수 있게 하는 개인의 정체성과 관련된 모든 특성—우리의 자기라는 인식(이른바 자의식), 자신의 의미(존재감), 자신에 대한 믿음과 평가(이를테면 자신감 또는 자존감), 타인과의 관계에서 영향력을 행사하는 자기 관철 능력 또는 지배력, 사람을 통합하여 목표와 선을 이룰 수 있는 리더십 등—은 개인이 지닌 소인을 바탕으로 하며, 이는 모든 대인관계를 통해 형성된다.

　최초에 어머니와 주고받기를 통해 형성된 관계에서부터 시작해서 점차 확대되는 주변 인물들과의 관계가 이를 증명한다. 매우 상식적이고 단순하게 들리지만 인간은 태초부터 그리고 태생부터 생존을 위해 사회적 관계가 필요한 '사회적 동물'인 것이다.

　이 같은 사실은 발달심리학, 사회심리학, 인간관계 심리학, 성격심리학, 상담 및 임상심리학 어느 관점에서 보아도 틀리지 않을 표현이다. 따리서 대인관계 능력, 너 그게는 집단 내에서 그리고 집단을 상대로 한 능력은 개인의 발달과 삶을 위한 핵심 능력일 것이다. 그리고 이것을 이해하고 활용할 수 있는 조직은 개인을 성장, 성숙시키고 만족시키면서 집단의 '이득'을 극대화 시킬 수 있는 성공적인 집단이 될 것이다.

이 책은 바로 그러한 대인관계 능력과 집단 내 개인의 능력 그리고 집단을 통솔하는 능력을 개선시킬 수 있는 다양하면서도 간단하고 빠른 그리고 명쾌한 해법을 소개한다. 따라서 개인과 조직 또는 이들을 상대로 교육 및 상담 또는 훈련과 코칭을 맡은 실무자들은 다음과 같은 목적을 위한 실제적 방법을 알게 될 것이다.

- 대인관계에서 마음을 공개하고 신뢰를 얻는 방법
- 집단 내에서 주변인이 아니라 원하는 역할의 주역으로 사는 방법
- 자신을 알고 타인에 대한 자신의 영향력을 신장시키는 방법
- 타인의 마음을 의도대로 이해하고 공감적 대화를 할 수 있는 방법
- 목표와 이윤의 갈등과 대립이 있는 곳에서 모두에게 유리한 해결을 얻는 방법
- 편향적, 자기중심적 사고를 검열하고 목표를 위해 타인과 협동하는 방법
- 집단 내에서 작용하는 개인의 행동양식을 개선시키는 방법
- 집단 구성원의 창의적 능력을 개발하고 성공적 집단을 만드는 방법
- 집단 구성원 간 신뢰도와 응집력을 키우는 방법
- 집단 내에서 권력과 사랑을 동시에 얻는 성공적 리더가 되는 방법
- 집단 내 구성원 간 상호작용의 구조를 파악할 수 있는 능력의 신장과 이를 바탕으로 모든 구성원이 자신의 역량을 모두 발휘하게 함으로써 살아 있는 집단을 만드는 방법 및 성공적 집단 운영의 방법

　곧, 대인관계 속에서 공감적 관계, 신뢰를 얻는 관계, 함께 만족하는 관계를 얻고자 하는 사람, 그리고 집단 내에서 자신의 역량을 발휘하고 이로써 집단의 성공에 기여하게 되는 집단 리더십의 발달을 원하는 사람 및 관련 전문가는 이 책을 통해 놀라운 효과를 체험하게 될 것이다.

오현숙

개정판 저자 서문

우리가 집단코칭을 통해서 얻은 경험과 지식을 책으로 출간하기로 결정했을 즈음, 집단역학이라는 말은 더 이상—최소한 독일에서는—다수의 사람에게 그리고 수련 중에 있는 전공자들에게 생소한 외래어 같거나 종전처럼 소수 전문가들을 위한 집단 놀이의 개념과 같은 의미는 아니게 되었다.

집단역학적 훈련방법에 대해서 사회적 소명감이 컸던 개척자로서 우리는 지나온 세월 동안 많은 변화가 있었고, 특히 우리의 책이 가장 많이 팔리는 스테디셀러가 되었다는 것에 대해 매우 기쁘게 생각한다.

처음에는 일반인을 위해서만 우리의 경험에 대해 기술하려고 했었지만, 그동안 집단코칭과 집단역학에 대한 우리의 책이 전문적으로 집단을 상대하는 모든 임상가에게 매우 유용한 안내서가 되어 주었다.

개정판을 구성하면서 다음과 같은 점을 고려하였다.

−지금까지 주로 미적인 관점에서 구성되었던 개관, 표, 검사 등이
　이제는 전문가들이 사용할 수 있는 양식으로 구성되었다.

−이 책에 소개된 특정 내용과 사람들의 출처 및 인용을 더 세밀
하게 보완하였다. 또한 이 책에 기술된 게임, 연습과제, 검사 등
을 키워드 순으로 정리하여 집단코칭 또는 집단훈련의 목적에
맞게 쉽게 찾아 활용될 수 있도록 보완하였다.

이 집단코칭 및 집단역학이 임상 현장에서 적합하고, 집단 내에
서 또는 집단을 상대로 일상적으로 작업하는 모든 전문가에게 좋
은 동반자가 되기를 기대한다.

Rainer E. Kirsten, Joachim Müller-Schwarz

차례

역자 서문 _ 3

개정판 저자 서문 _ 7

왜 집단코칭-집단훈련인가 / 13

1. 나는 다른 사람에게 어떤 영향을 주는가 / 17

맹점의 창문 • 20

나의 성격 유형 • 25

2. 어떤 개인도 모두보다 많이 알지는 않는다 / 31

NASA 우주공간 게임 • 35

나는 집단 내에서 어떻게 작용하는가 • 40

전달 • 44

3. 결정 과정 / 47

미프와 보르 게임: 문제를 어떻게 풀 것인가 • 50

분위기 문제: 무엇 때문에 집단이 마비되는가 • 53

나… 너… 그…: 더 좋은 의사소통을 위한 원칙들 • 56

4. 집단: 창의성 요인 / 59

6-3-5 방법 • 63

살인 문구와 아이디어 제동자 • 68

5. 협동 / 71

침묵 게임 • 75

집단 상호작용의 진단 • 80

6. 성의 전쟁 / 87

죄수의 딜레마 • 91

나쁜 습관 • 96

토론할 수 있는가 • 99

7. 우리 그리고 타인들 / 105

할 수 있는 만큼 많이 얻으라 • 108

집단의 신뢰 지표 • 113

늦게 오는 사람은 부당한 사람이다 • 118

8. 누가 지도자인가 / 121

원-고리-별 • 124

X 타입인가 아니면 Y 타입인가 • 130

문제는 유능인가 아니면 인기인가 • 134

9. 재확인(피드백) / 139

거울아, 거울아…… • 147

적절한 피드백을 위한 규칙 • 157

납득시킬 수 있는가 • 162

10. 권력과 사랑 / 169

주고받기 • 178

집단 규범 • 181

잘못 설정(프로그래밍)되었나 • 186

11. 의도와 영향 / 191

인터뷰 게임 • 196

상담의 기술 • 199

대화의 저항을 허물기 • 204

6개의 대화 규칙 • 209

12. 신체언어 / 213

말 없는 만남 • 221

자기에게 가는 열쇠 • 226

13. 가상현실 / 231

실험: 교외(건설 프로젝트) • 238

어떻게 계획놀이(플랜-플레이)를 평가할까 • 243

집단의 게임 규칙 • 246

14. 집단 내 학습과 일 / 251

탑 짓기 • 256
집단 과정의 분석 • 259

15. 집단운영 / 271

집단운영-집단 분위기 • 275
TCI(주제 중심 상호작용)가 팀과 지도자를 더 성공적으로
    만든다 • 277

부록 1. 정답표 _ 285
부록 2. 전문 게임리더를 위한 팁 _ 289
참고문헌 _ 295
찾아보기 _ 299

왜 집단코칭-집단훈련인가

자기와 타인을 좀 더 잘 이해하는 방법을 배우는 것, 자신과 타인에게 더 적응적으로 행동하는 방법, 이것이 이 책에서 제시하는 가장 중요한 코칭 및 훈련 목적이다.

우리의 직업적인 성공뿐만이 아니라 우리의 소망과 욕구 충족 또한 우리가 일상 속에서 매일 함께하는 집단을 상대로 얼마나 잘 대처해 가느냐가 결정한다.

우리는 보통 다른 사람에게 개별 존재로 등장하지 않는다. 대부분 많든 적든 구조적인 어떤 집단과 관계한다. 그 집단은 회사의 동료 집단이거나 병원 대기실에서 형성되는 집단일 수도 있고, 친구들 집단일 수도 있으며, 협회나 모임의 지인들 집단일 수도 있다.

그러나 우리는 집단을 상대로 거기에 직면하는 것만은 아니다.

당연히 매시간 집단의 한 일원이 되기도 한다.

어떤 사람들은 거의 모든 집단 속에서 곧바로 관계를 형성하고 영향력을 얻게 되는 그 '비밀스러운 법칙'들을 소유하고 있는 것처럼 보이는데 무엇이 열쇠일까?

그들을 따라가 보면 사실 아무도 왜 그런지 확실히 알지 못한다! 그들에게는 "집단 안에 들어간다."라는 말은 거의 맞지 않다. 오히려 말 그대로 집단 내 모든 것이 "그들 중심으로 돌아간다!" 반면에 집단에 있는 다른 사람들은 영원히 담벼락의 작은 꽃처럼(역자 주: 독일말로 담벼락 꽃이란 댄스파티에서 파트너로 초대받지 못하는 사람을 말한다.) 주변인으로 남게 될 것이다. 이들이 우리가 가까이 알고 있는 정말 흥미롭고 가치 있는 사람임에 분명한데도 말이다.

우리는 이 책에서 인간의 공동생활을 위한 성공적인 규칙은 절대 비밀스러운 것이 아님을 전달하고 싶다.

체험할 수 있는 게임 하나가 백 마디의 말보다 더 많은 것을 이야기할 수 있기 때문에 이 책에서 우리는 모든 주제를 이론적으로만 다루지 않는다. 당신은 모든 장에서 다수의 재미를 뛰어넘는 흥미롭고 긴장감 넘치는 집단 게임과 연습과제 그리고 평가방법들을 발견하게 될 것이다. 또한 집단 내에서 자기 자신이나 다른 사람의 행동을 잘 꿰뚫어 볼 수 있는 규칙과 법칙들을 배우게 될 것이다. 그리고 무엇보다 특히 더 나은 행동을 시험해 보고 활용할 수 있게 될 것이다.

우리는 경험을 통해서 인간의 근본적인 행동방식은 게임 속에서도 달라지지 않는다는 것을 알게 되었다. 그래서 여기에서의 게임을 실제 상황의 단면인 것으로 관찰할 수 있다. 이를 위해서 제일 먼저 간단하고 흥미로운 연습과제가 제공된다. 여러분은 단숨에 얼마나 많은 사회적 일상의 진실이 그 안에 숨겨져 있는지를 곧바로 확인하게 될 것이다.

그리고 이후에 이 책에서 체험한 게임들을 즐겁고 흥미로우며 숨 조이는 대인관계 훈련 게임으로서 활용할 수 있을 것이다. 이와 함께 어느 날 저녁 한 번쯤 친구들과 보통 때와는 사뭇 다른 저녁 모임을 구성할 수도 있을 것이다. 또한 최소한 이것들을 이용해 지금 여러분이 관계하는 집단 속에서, 예를 들어 직장의 업무 팀이나 특정 프로젝트 집단 등 현존하는 집단 내에서 여러 가지로 발휘할 수 있는 전략 가능성에 한번 흥미를 느껴 보라.

어떤 목적으로 이 책을 활용하든지, 여러분은 집단 안에서 작용하고 있는 전형적인 흐름들을 이전보다 훨씬 더 잘 꿰뚫어 볼 수 있을 것이다. 특히 발생할 수 있는 갈등에너지를 더 빨리 인식하면서 나타나는 문제들을 더 효율적으로 해결하는 것을 배우게 될 것이다.

우리는 여러분이 일과 집단 속에서 많은 것을 성취하기를 희망한다!

나는 다른 사람에게 어떤 영향을 주는가

상상을 한번 해 보라. 어떤 요정이 우아하고 품격 있는 상관의 저녁 초대 자리에 있는 당신을 갑작스럽게 흥겹고 즐거운 리베리아의 한 히피 축제로 데려갔다고 해 보사! 아마노 낭신은 그런 요정을 오래전부터 꿈꿔 왔는지도 모른다. 그러나 지금 한 손에는 샴페인 글라스를 들고 턱시도와 잘 다려진 빳빳한 와이셔츠에 갇힌 당신은 경쾌하고 가벼운 젊은이들 사이에서 대체 얼마나 마음 편히 있을 수 있겠는가? 편안함이라고는 일말도 느끼지 못하면서 당신은 차림새 때문에 그 누구도 당신을 중요하게 보지 않는다는 것을 느끼고 행동에 곧 자신감을 잃게 될 것이다.

우리가 일반적으로 자기 확신, 자기 신뢰 또는 자기 존중이라고 일컫는 것들은 바로 성격 하나만을 통해서 규정되는 것은 아니다

(성격이란 도대체 무엇을 의미하는가? 이후에 거기에 대해서 논하게 될 것이다). 우리는 다른 사람과 관계하는 모든 상황 속에서 다른 사람의 눈을 통해서 우리를 관찰하게 된다. 우리의 행동뿐만이 아니라 자신의 '나'에 대한 우리의 대부분의 지식—자존감—까지도 다른 사람이 가지고 있을 것이라고 추정되는 나에 대한 이미지에서 영향을 받는다. 엄마가 피터에게 말한다. "너는 정말 멋진 녀석이야!"

> 우리는 종종 다른 사람이 우리에 대해서 어떤 생각을 하는지 정확히 알지 못한다. 그리고 거기에 대해서 잘못 평가한다.

(아마도 이러한 순간에) 피터는 자신이 멋진 녀석이라고 믿는다.

이런 관계를 다음처럼 다시 한번 분명히 하고자 한다. 말하자면 우리의 자기 이미지는 다른 사람이 나에 대해서 실제로 어떻게 보느냐(객관적 타인평가)에 의존하는 것이 아니라 내 생각에 다른 사람이 나에 대해서 갖고 있을 타인평가에 의해 좌우된다. 바로 이러한 **추정된** 타인평가가 상당 부분 우리의 사회적 행동에 영향을 미친다.

예를 들어, 방금 매우 자신감 있게 자기 전공 영역에서 토론을 했던 한 인문학자도 자동차 정비소에서 자신의 자동차 완충기가 교체될 필요가 있는지 없는지 대해 말할 때는 마치 다른 사람으로 변신한 것처럼 보인다. 자동차 분야에서 완전 문외한인 그는 이 장면에서 스스로 자신 없어 하고 기계공에게 모든 것을 맡길 수밖에 없다.

우리는 매일 자기에 대해서 스스로 경험할 수 있다. 우리가 추정된 자신의 사람됨에 의해서 다른 사람에게 미치는 효과를 스스로 결정한다는 것을……. 그것은 바로 우리의 언어에 곧잘 표현된다. "당신은 지금 분명히 나에 대해서…… 한 사람으로 생각하시겠지요." 바로 이 문장이 말하는 것은 우리는 다른 사람의 견해를 우리의 사고 속에서 선취했음을 보여 준다.

종종 우리는 다른 사람이 나에 대해서 어떤 생각을 하고 있는지 전혀 알지 못한다. 또한 그것을 완전히 잘못 판단하기도 한다. 생각했던 것과는 완전히 다르게 다른 사람이 자신을 생각하고 있다는 것을 알아차릴 때 우리는 대부분 행동을 바꾸기도 한다. 예를 들어, 어떤 특정한 사람이 자기를 매우 좋아한다는 것을 알게 될 때 곧바로 그 사람에 대해서 훨씬 더 많이 개방적인 사람이 되기도 한다.

다른 사람이 실제로 우리를 어떻게 보는지에 대해서 어떻게 더 많이 체험할 수 있을까?

맹점의 창문

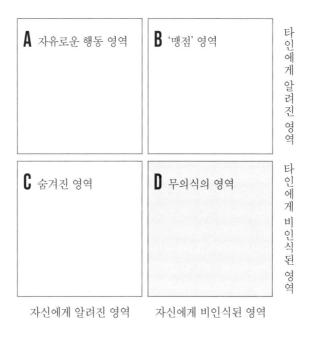

A 자유로운 행동 영역	**B** '맹점' 영역
C 숨겨진 영역	**D** 무의식의 영역

타인에게 알려진 영역

타인에게 비인식된 영역

자신에게 알려진 영역　　자신에게 비인식된 영역

　앞의 그림은 우리의 인간관계가 네 날개의 창문으로 표기될 수 있는 공간 속에서 돌아감을 보여 준다. A 날개(공적 자기)는 자신과 다른 사람에게 모두 알려진 자기 영역이다. 이것은 다른 사람 앞에서 아무것도 숨기지 않고 자유롭게 행동하는 영역이다. B 날개는 행동 창문의 '맹점'이다. 이 맹점은 종종 다른 사람이 나 자신보다도 나에 대해 더 많이 알고 있다는 것을 의미한다. 곧, 나에 대한 그들의 타인평가는 내가 가지고 있는 자기 이미지와는 일치하지 않는다. B 날개는 자신의 무의식적인 습관, 편견, 그리고 경향성에 관한 내용을 포함하고 있다. 우리는 종종 다른 사람이 우리 스스로 그 이

전에 발견하지 못했던 부분에 대해 주의를 주게 될 때 '파룽'의 순간처럼 놀라게 된다. C 날개(사적 자기)는 우리가 의식적으로 다른 사람 앞에서 숨기는 생각과 행동의 영역이다. 이것은 아마도 우리의 은밀한 소망이거나, 비밀스러운 것들과 관계한다. 왜냐하면 이것들은 우리의 '민감한 부분'에 놓여 있거나 아니면 다른 사람으로부터 거부될 것이라고 믿기 때문이다. D 날개는 최종적으로 무의식의 영역이다. 이것은 우리에게나 다른 사람에게도 접근되지 않는 영역이고 심층심리학자들, 즉 정신분석학자들이 주목하는 우리의 '자기(self)' 영역이다. 이 영역에 대해서 지금 이 자리에서는 아직 집중하지 않기로 한다. 자, 그럼 21~23쪽의 4개의 창문들을 살펴보기로 하자.

창문 1은 낯선 집단 속에 있는 한 개인의 전형적인 상황을 나타낸다. A영역은 여기서 매우 작다. 이 개인은 다른 사람들이 자신에 대해서 '어떤 생각'을 갖고 있는지 아직 잘 알지 못한다. 그리고 그는 자신의 사적 자기를 얼마나 희생해도 될 것인지 우선은 알지 못한다.

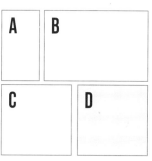

창문 1

"내가 이 환경에서 어떻게 행동할 수 있을까?"라는 질문이 우선 먼저 해결되어야 할 것이다. 아직 이 해결되지 않은 문제 때문에 낯선 사람이나 집단은 항상 처음에는 일종의 위협으로 느껴진다. 그리고 우리의 자유로운 행동 영역인 A는 이에 상응하게 축소되어 있다. 사람들이 A 영역을 확장시키고 싶

낯선 사람과 집단은 처음에는 항상 자신에 대한 위협을 의미한다!

은 욕구가 있다고 가정해 본다면, 우리는 바로 영역 B와 C를 제한 해야한다는 것을 곧 알아차린다. 그러나 그것은 종종 매우 어렵다. 왜냐하면 우리는 우리 문화 속에서 다른 사람들을 만나는 자리에서 조심하도록 양육되었기 때문이다. 그래서 이제 의식적으로 바로 B 영역과 C 영역을 축소하는 작업을 해야만 한다. '자유'와 '자유롭게 있기'를 '가능한 한 한번 제한 없이 행동할 수 있기'로 해석해 보자. 그러면 우리에게 이것들이 무슨 의미인지 바로 이해될 것이다. 반대의 경우는 우리의 언어적 표현으로 '자유롭지 못한' 또는 '불신적인' 또는 '위축된' 개인일 것이다. 사람들은 또한 움직이는 방식을 통해서 특정한 상황에서 우리가 '자유로움'을 느끼는지 아닌지 종종 알아낼 수 있다.

창문 2

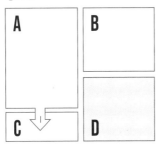

창문 3

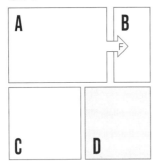

창문 2에서는 C 영역(사적 개인)이 어느 정도 허물어졌다. 그리고 'I'의 화살표는 정보를 나타낸다. 바로 이 화살표는 사적인 것을 희생할 준비가 되어 있을 경우에만 허물어질 수 있다는 것을 분명히 한다. 다른 사람에게 자기 자신에 대한 정보를 스스로 줄 수 있는 이 중요한 능력을 '신뢰'라고 말한다.

창문 3에서 'F' 화살은 '피드백'(재연결)을 의미한다(이 표현은 원래 '조절되는 정보'를 뜻한다). 이 표현은 집단 연구가가 두뇌인공학(체계이론)에서 인용한 것이다. 우리의 행동은 다른 사람에게 상응하는 반응을 일으키고 거기에 대해서 우리는 다시 반응하게 되며 이러한 반응(말로 주어지는 단어나 신체표현)을 피드백 이라고 한다. 우리는 자신에 대해서 말하는 것을 배우는 것뿐만이 아니라 자신에 대한 다른 사람의 생각을 체험하려는 노력을 함으로써 '맹점' 영역을 허물 수 있다. 곧 다른 사람이 자신을 어떻게 보고 있는지 그것에 대한 정보를 가져오는 것이 다. 그리고 다른 사람에게 자신에 대한 것들을 알려 주는 것(정보를 주는 것). 이것이 바로 신뢰의 표현이다. "대체 나에 대해서 무

> 피드백은 우리가 다른 사람에게 어떻게 작용하는지 체험할 수 있게 한다.

엇을 생각하는 거야?" 이런 질문(정보를 가져오는 것)은 일종의 신뢰에 대한 간청이다.

　　창문 4는 자신에 대한 정보를 지불하고, 자신에 대한 다른 사람의 정보를 가져오는 것이 바로 사회적 공간에서 우리의 자유로운 행동 영역을 확장시킬 수 있는 유일한 효과적인 행동방식임을 보여준다. 당연히 반대로 다른 사람에게 그들의 정보를 간청하고 동시에 그들의 행동에 대한 피드백을 줄 경우, 다른 사람이 우리를 상대로 더 개방적이 될 수 있는 가능성(곧 그들의 신뢰를 얻는 일)을 줄 수 있으며 이와 함께 다른 사람의 A영역을 확장시키는 것이다. 그런데 유감스럽게도 우리는 대부분 그 반대로 양육되었다. '우아하게' 상호 거리를 두는 것이 많은 사람에게 있어서 아직도 덕목으로 통용된다! 실망해서 용기를 잃지 마라. 왜냐하면 다른 사람에게 자신에 대해 개방하여 말한다는 것이 처음에는 얼마나 어려운 일

창문 4

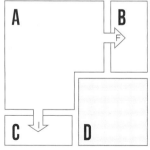

인지 잘 알지 않는가! 다음 절에서는 우리의 노력을 지지해 줄 검사 하나를 제시한다.

연습 첫 번째 연습으로서 좋은 친구들 또는 지인들에게 며칠 동안 의도적으로 다음과 같은 것을 시도해 보라.

- 다른 사람의 자기 이미지를 탐구할 것. 즉, 다른 사람이 자신에 대해 직접 무엇을 이야기하는지 그리고 어떤 방식으로 그렇게 하는지 더 주의 깊게 들을 것
- 자신의 A, B, C 영역에 대한 이해를 확장할 것
- 자신의 사적인 소망, 희망, 그리고 불안에 대해서 이야기할 것
- 다른 사람에게 자신이 그들에게서 기꺼이 좋아하는 것과 덜 좋아하는 것을 터놓고 이야기할 것
- 자신의 행동에 대한 다른 사람의 정직한 생각을 들어 볼 것

나의 성격 유형

이제 주변 사람들의 눈을 통해서 스스로에 대해 더 잘 알 수 있다는 것, 곧 '맹점' 영역을 허물 수 있다는 것을 알게 되었다. 우리는 종종 다른 사람이 우리를 어떻게 생각하는지에 대해서 전혀 잘못된 상상을 하는 것이다. 우리가 스스로 추정하는(지각된) 자신에 대한 다른 사람의 생각으로부터 완전히 독립적으로 행동한다 해도, 사실 그것은 그렇게 비극적인 일은 아닐텐데 대부분의 경우 그렇게 하지 못한다. 그래서 다른 사람이 우리에 대해서 가지고 있는 이미지를 알게 되는 것은 중요하다.

오직 아주 자신만만한 외톨이만이 "다른 사람의 생각은 나에게 아무 상관 없어!"라고 말할 수 있을 것이다. 그러나 이때 그가 정말로 행복한지(그리고 정직한 것인지!)는 또 별개의 문제다.

당신의 친구나 지인에게 당신의 성격 유형에 대해서 표현해 달라고 부탁해 보라. 그리고 그것으로 당신 이미지를 수정해 보라.

검사 당신이 추정한 당신에 대한 타인의 평가와 실제로 당신에 대한 다른 사람들의 평가의 차이를 한번 확인해 보라.

이것을 위해 적합한 방법이 바로 '성격 유형'의 확인이다. 28쪽의 표에서 사람의 성격과 행동의 특징에 해당되는 몇 개의 속성들을 보게 된다. 이러한 각각의 속성에 0점에서 4점까지 동그라미로 표시하면 된다. 예를 들어서, 0이란 '나에게는 해당되지 않는다.' 또는 4점은 '나에게 완전히 해당된다.'이다. 이제 동그라미로 표시한 것을 모두 선으로 연결하면 일종의 한 유형을 얻는다. 이것은 모든 사람에게서 다르게, 곧 특징적인 모양으로 나타난다. 이제 당신이 생각하기에 당신의 성격을 가장 잘 나타낸다고 생각하는 3개의 속성에 별표를 해 보라. 당신은 지금 당신의 자기 이미지 유형을 그렸다.

사람들이 대부분 당신에 대해서 당신이 자신에 대해 생각하는 것과 다르게 볼 것이라고 이미 말했다. 당신의 동료나 당신의 직장 상관이 그린 유형과 당신의 가장 좋은 친구가 그린 유형 사이에는 분명히 차이가 있을 것이다. 왜냐하면 그들 모두가 각각 당신의 완전히 다른 부분에 특별히 집중하여 지각하고 있기 때문이다.

주변 사람들 중 둘 또는 3명의 사람을 선택해 보라. 그리고 그들이 당신을 어떤 성격 유형으로 그릴 것인지 한번 상상해 보라. 이를 통해서 당신은 다양한 당신에 대한 추정된 타인평가를 그리게 될 것이다. 그리고 이것들을 실제 다른 사람이 그려 준 당신에 대한 평가와 비교할 수 있다.

아마도 동료나 상관에게 부탁하기 전에 먼저 몇 명의 좋은 지인들에게 당신의 성격 유형에 대해서 판단해 달라고 부탁하는 것이 좋을 것이다.

참고로 당신의 성격이 다른 사람에게 어떻게 보이는지에 대한 상당히 정확한 인상은 아마도 다른 모든 사람이 내린 당신에 대한 타인평가를 하나의 종합 유형으로 도합했을 때 얻게 될 것이다. 희망하지 않는 '너무 공손한' 평가를 방지하기 위해서 타인평가를 부탁할 때 익명으로 표기하도록 하거나 또는 다른 사람에게 그 부탁을 할 때 당신 스스로 하지 않고 다른 사람을 통해서 과제를 줄 수 있다.

벌써 많은 것을 알게 되었다. 당신은 여러 지인이 당신에 대해서 각기 다르게 보고 있다는 것을 놀라움에 차서 확인하게 될 것이다. 특히나 많든 적든 당신이 추정했던 타인평가하고는 다르다는 것을 발견하게 될 것이다.

　마지막으로 더 강조하고 싶은 것은 이러한 평가는 어떤 사람이 또는 당신이 객관적인지 아닌지와 같은 그런 정보가 아니다. 이것은 주관적인 평가라는 점에 주목해야 한다. 당신이 추정한 타인평가와 다른 사람의 당신에 대한 타인평가 사이에 큰 차이가 발견된다면 이제 당신에 대해 더 현실적으로 보도록 시작해 보라. 아마도 당신이 생각했던 것보다 다른 사람들에게 훨씬 더 많이 은폐한다는 말일 테니까. 당신이 추정했던 그리고 당신의 지인들이 실제로 제시한 당신의 성격 유형들 사이에 매우 큰 차이가 나타난다면 그것에 대해 당신의 지인들과 분석적 대화를 해 보는 것은 틀림없이 의미가 있을 것이다.

성격 유형

	0	1	2	3	4
사무적이고 이성적인					
자의식이 강한					
용감하고 활동적인					
결단력이 있는					
개성이 강한					
적응력이 있는					
자기 통제력이 있는					
신뢰할 수 있는					
개방적인					
유머스럽고 재치 있는					
창의적인					
지성적인					
감동을 잘하는					
다방면의					
인색한					
자기중심적인					
자기를 내세우기 좋아하는					
충동적인					
사교적인					
관대한					
공감을 잘하는					
평온한					
타협을 잘하는					
낙관적인					
친절한					

	0	1	2	3	4
동정심이 있는					
인내력이 있는					
객관적이고 중립적인					
협조적인					
다른 사람에게 영향력이 있는					
권위적인					
심성이 따뜻한					
지배적인(지배하려는)					
자신감이 없는					
공격적인					

어떤 개인도 모두보다
많이 알지는 않는다

젊은 알렉산더는 인도를 정복했다. 그가 혼자 성취했는가?
시저는 갈리아를 쳤다. 그는 최소한 요리사를 동반하고 있지 않
았던가?

－베르톨트 브레히트(Bertolt Breht)

　피라미드를 건축할 때, 줄다리기를 할 때 또는 전쟁의 교전 중에
있을 때 대단위의 사람 수가 만드는 수적 우위가 최우선적인 것만
은 아니다. 이것은 명백히 이집트의 파라오나 군의 대령 또는 장군
들이 그들의 성과를 기록했을 때도 마찬가지였다.

　고도로 발달한 우리의 기술은 점점 더 피라미드 건설자에게 사
람들의 배치가 별 의미 없는 일로 보이게 한다. 우리는 물론 힘의

병합이란 항상 육체적인 것이 아니고 정신적인 성취라는 것을 보여 줄 수 있다. 여기에 관해서 이제 간단한 실험을 시도해 보자.

검사 34쪽의 10개의 형태들은 크기가 다양하다. 지금 계속해서 읽기 전에 이 형태들을 한번 면적의 크기에 따라서 정리해 보라. 물론 어떤 보조 도구를 사용해서도 안 된다. 모든 형태들의(1~10까지의) 순위를 정하는 과제이다. 이 형태들의 크기 순위에 관한 해답은 부록 285쪽에서 찾을 수 있다.

이제 지인들에게도 똑같은 과제를 내주자. 그리고 지인들로부터 얻은 순위들을 하나의 값으로 통합해 보라(예를 들면, 형태 G의 크기 순위를 2, 4, 1로 받았다고 해 보자. 그렇다면 G의 평균은 곧 7/3=2.33이다).

놀랍게도 많은 사람이 이 과제를 하면 할수록 공동의 답은 더 개선된다는 것을 발견하게 될 것이다. 당신이 대략 8명으로부터 결과를 통합하게 되면 형태들의 순위는 대부분 옳게 맞히게 된다. 이때 개별 순위의 실수들은 완충되는 것으로 보인다. 팀워크의 장점 중 하나는 많은 개개인의 정신적인 능력이 팀워크를 통해서 통합된다는 것이다. 그리고 이와 함께 잘못된 결정의 위험이 줄어든다.

그러나 이것은 개별 작업과 비교한 집단 작업의 장점 중 하나만을 말했을 뿐이다. 엘튼마요(Elton Mayo)는 계속해서 더 의미 있는 장점을 발견했다. 그것은 놀랍게도 이미 유명해져 버린 그의 호손 실험(Hawthorne-Werken, 역자 주: 단지 주목받고 있는 사실만으로 나타나는 노동력의 향상) 연구에 추가 발견(heuristic value)으로 나타난

감동적인 결과이다. 마요는 납땜작업을 했던 여자 노동자들의 실험집단에서 계속해서 노동성과가 더 향상되는 것을 확인했다. 그것은 집단의 작업조건을 악화(예를 들어, 조명의 밝기)시켰을 때도 나타났다. 이 노동자들은 마요의 실험 과정 중에 특별한 소속감을 갖게 되었고 이와 함께 만족감과 일의 성과가 증진되었다(이런 현상의 배경에 대해서는 다른 장에서 별도로 이야기하게 될 것이다).

좋은 분위기를 가진 집단은 개별 구성원에게 매우 강한 동기 작용을 하고 그것이 개별 작업에서는 절대 일어날 수 없는 성과를 가져온다. 우리는 모두 이런 현상을 언젠가 어떤 형태로든 경험한 적이 있다.

도형의 순위를 매기는 이 작은 실험에서 우리는 개인들이 평가한 순위 목록을 하나의 목록으로 통합함으로써 인위적으로 형성된 집단을 경험했다. 그런데 실제의 집단들은 단순한 결정 상황에서 어떻게 작업하는지 다음에 전개되는 'NASA' 게임에서 연구해 보자!

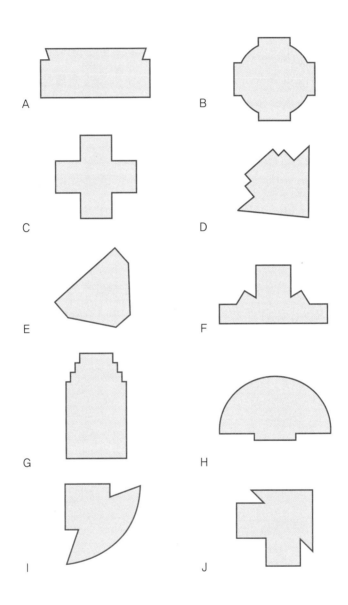

A

B

C

D

E

F

G

H

I

J

NASA 우주공간 게임

이제 첫 번째 결정 게임을 시작해 보자.

당신의 우주선이 방금 달에 불시착했다. 원래 당신은 200마일 떨어져 있는 달의 밝은 부분(태양 쪽으로 향해 있는)에 위치한 모함선에 도착했어야만 했다. 불시착으로 우주선은 완전히 손상되었다. 부대의 생존 기회는 이제 모함선에 도달하느냐 아니냐가 좌우한다. 장비로는 오직 15개의 물품만 남아 있다. 모함선까지 200마일을 헤쳐 나가기 위해 지금 장비물품을 선택해야만 한다.

게임 과제는 바로 이 책 36쪽의 목록에 기재된 물품의 중요 순위를 정하는 것이다. 당신은 모함이 있는 곳까지 행진하는 데 목록 중의 물품 중 가장 중요한 것으로 보이는 물건에 순위 1을 목록의 문항 앞 칸에 기입하라. 그리고 두 번째로 중요한 것에는 순위 2를 기입하라. 그리고 가장 중요하지 않은 물품에는 순위 15를 적어 넣으라.

게임리더는 참석자의 숫자에 맞게 4명에서 6명 사이의 팀을 구성하라. 팀의 구성원들은 먼저 다른 구성원들의 도움 없이, 곧 스스로 혼자서 자기가 생각하는 장비 물품의 중요 순위를 기입해 넣어야 한다(시간은 대략 15분). 이어서 각 팀들은 공동의 집단별 순위 척도를 만든다. 이때 37쪽(NASA 게임의 규칙)의 게임 규칙에 주의하여야 한다.

정답은(이 정답은 실제 NASA의 한 전문가팀이 만들었다) 부록 285쪽에 실려 있다. 그러나 정답을 먼저 적기 전까지는 바라건대 살펴보지 마라.

준비물의 우선순위를 여기에 기입하시오!

평가된 우선순위와 해답의 차이를
기록해 넣으시오.

↓

	1	2	3	4	5
성냥개비					
농축식품					
50보 길이 나일론 줄					
낙하산					
휴대용 난방기구					
2개의 45구경 권총					
분말 우유					
2개의 100파운드 산소통					
행성지도(별좌지도)					
자동 공기 충전 생명구조 부표(뗏목)					
자석 나침반					
5갤런(약 19L)의 물					
발광체(신호탄)					
주사기가 든 응급처치 가방					
태양에너지 작동 초단파 송수신기					
합계:					

NASA 게임의 규칙

팀별로 장비 물품의 중요 순위를 정하기 위해서 45분의 시간을 사용한다. 이때 다음의 규칙이 고려되어야만 한다.

결정 과정에 팀 구성원 모두의 생각이 참조되어야만 하며, 결정은 가능한 일치를 보아야 한다. 팀이 그들의 순위척도를 결정한 이후, 구성원들은 (개별적으로) 41쪽의 '나는 집단 내에서 어떻게 작용하는가?'의 관찰표를 작성한다.

이 게임은 무엇보다도 어떤 문제를 해결할 때 집단의 가장 나쁜 해결책이 대부분 개인의 가장 좋은 해결책보다도 더 낫다는 것을 분명히 보여 줄 것이다. 우리의 가설을 36쪽에 있는 정답지의 도움으로 확인할 수 있다. 해결책의 품질을 위해서 먼저 척도가 필요하다. 각 집단 구성원들을 위해서 평가한 우선순위와 부록 285쪽에 있는 정답과의 차이를 해당 칸에 기입하라(차이는 항상 양수 값으로 적어라). 그런 다음 마지막 행에 있는 차액을 합산하라(예를 들어서 집단 구성원 1번이 성냥개비에 10위를, 농축식품에 7위를 주었다고 해 보자. 그런데 정답은 15위와 4위이다. 이때 정답과 구성원이 기록한 것의 차이는 5와 3이고 따라서 합계는 8이다).

> 어떤 문제를 해결할 때 집단의 가장 나쁜 해결책이 개인의 가장 좋은 해결책보다도 낫다.

최종적으로 15개 평가에서 차이의 합계가 적을수록 집단 구성원의 해결책은 당연히 더 좋음을 의미한다. 같은 방식의 계산을 (개별적이 아니라 집단원 모두 공동으로 수행한) 집단별 해결책의 품질을 확인하기 위해서 반복하라.

이제 가설을 확인할 수 있다. 가장 좋은 개별 결과가 가장 나쁜 집단 결과보다도 더 나쁘지 않은가? 아니면 개별적으로 해결한 집단 구성원의 결과가 공동으로 함께 평가한 집단 전원의 평가보다도 오히려 더 나았는가?

289쪽에 있는 부록에서 정답 이외에도 NASA 전문가들이 왜 특정한 장비 물품을 중요한 것으로 또는 중요하지 않은 것으로 간주했는지 그 이유를 알게 될 것이다.

그러나 전문가들이 옳은지 또는 옳지 않은지 여기에 대해서는 절대 싸우지 마라. 중요한 것은 아마도 왜 집단 구성원의 개별 결과들은 가장 잘된 경우에 오직 평균값에 머문 반면, 집단은 더 좋은 결과를 나타냈는지에 대한 질문이다. 물론 마찬가지로 집단의 결과가 가장 좋은 집단 구성원의 해결책보다도 더 나쁜 경우가 일어날 수도 있다. 그러나 그것은 예를 들어서 한 집단 구성원(이 사람이 꼭 이 문제를 위한 전문가인 것은 아니다)이 특별히 그 집단에서 지배적일 때 그렇다. 다른 사람의 견해는 억압되고 그와 함께 진정한 집단의 공동 해결책이 저지되기 때문이다.

그러나 주지하듯이 억압에는 두 사람이 관여한다. 곧 자신을 억압하도록 하는 두 번째 사람도 필요하다. 그래서 우리는 이와 함께 특정 행동방식(권위적인, 친절한, 부끄러워하는 등등)은 항상 최소한 두 사람 사이의 사회적 관계에서 일어난다는 매우 중요한 견해를 얻게 된다. 이러한 사회적 관계를 또는 경우에 따라서 그 과정을 '상호작용'이라고 부른다. 이러한 상호작용의 방식이 또한 집단의 행동과 성취를 결정하기 때문에 여기서 더 자세히 접근해 보아야 할 것이다.

두 사람 사이의 각각의 대화는 언어적인 상호작용의 고리이다.

일종의 서로 공을 주고받는 게임과 같다. 서로 주고받는 패스의 방식에 전적으로 차이가 있다는 것을 사람들은 곧바로 알게 된다. "그만 말해!" "조용히 해" "여길 봐!" 이러한 표현들은 매우 일방적인(비대칭적인) 상호작용의 형태이고 이때는 두 파트너 중 하나가 대부분 힘이 더 우세한 경우이다.

그러나 또한 순전히 '비경청'하거나 혹은 뜨거운 전투적 분위기 속에서 표현된 것을 무시하는 것들도 성공적인 집단 작업을 크게 방해할 수 있는 비언어적인 상호작용의 한 형태이다.

그래서 이어서 당신은 집단 작업에서 비중적으로 더 많이 사용한 상호작용방식에 대해 평가할 수 있는 NASA 게임 구성원의 '사회적 눈(평가)'을 강화하는 관찰기록지를 알게 될 것이다.

나는 집단 내에서 어떻게 작용하는가

다음의 관찰지는 NASA 게임뿐만 아니라 이 책에서 계속 보게 되는 여러 다양한 과제 해결을 위한 많은 게임과 연습에도 사용할 수 있다. 이 관찰지는 각 집단 구성원이 다른 사람의 눈을 통해서 자신을 관찰할 수 있는 일종의 거울처럼 사용할 수 있는 것이다.

검사 먼저 각 집단 구성원들에게 번호를 하나씩 준다. 구성원들은 번호를 하나씩 받고 각자가 스스로 A, B, C의 질문에 한번 대답해 본다. 그리고 그 대답을 표에 기입한다. 이때 특별한 서술 없이 +/−만 기입하는 것도 가능하다.

그런 다음 A, B, C에서 누가 가장 많은 플러스 또는 가장 많은 마이너스 점수를 받았는지 확인해 본다.

이제 어떤 집단 구성원이 왜 소통적이고 배려가 많은 행동을 하는 반면, 다른 구성원은 왜 지배적인 행동을 하게 되는지 그런 질문을 해 보는 것이 중요할 것이다. 팀에서 과제를 해결할 때 구성원들의 행동은 다음과 같이 세 가지 유형으로 구분된다.

- 자신에게 맞춘 행동
- 과제에 맞춘 행동
- 상호작용에 맞춘 행동

관찰지

No.	성명	A	B	C
1				
2				
3				
4				
5				
6				
7				

이 관찰지는 다른 여러 게임을 위해서도 사용할 수 있다!

관찰 질문

A. 종결된 집단 작업에서 누가 가장 많이(+) 또는 가장 적게(−) 영향을 미쳤는가?

B. 집단에서 누가 가장 많이(+) 또는 가장 적게(−) 과제를 해결하기 위한 도움을 주었는가?

C. 누가 가장 유연하고 다각적 면을 가진 집단 구성원이었는가?(+) 또는 누가 가장 움직이기 힘든 구성원이었는가?(−)

구체적 행동의 관찰 방법들은 42쪽부터 보게 될 것이다.

집단 작업에서의 행동

A. 자신에게 맞춘 행동

어떤 집단 구성원이 집단 과제의 해결보다 자신의 욕구를 충족시키는 것에 더 관심이 있는 행동을 하였을까?

관찰되는 행동들은 다음과 같다.
- 토론을 지배하려는 시도
- 다른 사람의 말을 중단시키는
- 경청하지 않는
- 흥분하고 민감하게 반응하는
- 논의를 대충 듣는
- 책임을 회피하는

B. 과제에 맞춘 행동

어떤 집단 구성원에게서 주된 관심이 집단의 과제를 해결하는 것에 있었을까?

관찰되는 행동들은 다음과 같다.
- 과제를 진행시키는
- 다른 사람과 정보를 공유하는
- 입장을 표명하는
- 조직하는

- 문제를 해명하는
- 문제를 요약하는
- 일치하는 바를 확인시켜 주는

C. 상호작용에 맞춘 행동

어떤 집단 구성원이 다른 구성원들에게 관심이 있고, 그들과의 효과적인 공동작업을 돕는 것에 주된 관심이 있었을까?

관찰되는 행동들은 다음과 같다.
- 다른 사람에게 말을 거는
- 다른 사람을 토론 속에 끌어들이는
- 서로 차이나는 견해들을 중재하는
- 문제 해결에 기여하는 좋은 생각들을 파악하고 중시하는
- 긴장을 완화시키는
- 서로 간의 협력을 촉진하는

이제 이 세 가지 행동방식이 개개 집단 구성원이 'A 지배적인' 'B 협동하는' 'C 타협하는'과 같이 보이는 데 어떻게 기여하고 있는지 한 번 검토해 보라.

분명히 NASA 게임에서 왜 몇몇 집단이 다른 집단에 비해 좋은 성과를 내게 되었는지 생각해 보게 되었을 것이다. 집단 구성원에 맞춘, 또는 집단의 상호작용이나 과제에 맞춘 행동이 팀의 성과에 어떤 영향을 미쳤는지 토론해 본다.

전달

팀 안에서 당신이 어떤 행동을 하는지 자기비판적인 검토를 통해 당신은 아마 자신의 행동방식을 확인하게 될 것이다. 그것은 곧, 당신이 다른 사람과 어떻게 어울리는지, 당신의 상호작용 방식 안에 앞에 기술되었던 세 가지 집단 내 행동방식 중 어떤 것이 가장 강하게 표현되고 있는지를 말한다. 이상적인 것은 작업집단 안에서 가능한 한 자기중심적인, 상호작용적인 그리고 과제 중심적인 행동이 서로 균일하게 혼합된 것이라고 할 것이다.

> 상호작용 중심적인 행동이 집단의 협동 작업에 긍정적으로 작용한다.

물론 대부분의 경우에 특히 작업 초기에는 집단 구성원들의 자기중심적인 행동이 지배적으로 나타나고 이와 함께 다른 사람에 대한 개입(상호작용 중심적인 행동)은 그만큼 방치된다. 개인적인 욕구들(예를 들어, 인정받기와 권력에 대한 욕구)은 팀의 작업을 심하게 저해할 수 있다. 이와 반대로 상호작용 중심적인 행동은 집단의 협동 작업에 긍정적인 영향을 미친다. 함께 응집되기 위해서 개개인이 필요로 하는 상호 존중의 정서적 분위기를 촉진하게 된다. 그래서 다른 사람에게 전달하는 당신의 전달 방식이 어디에 해당하는지 다음 회의에서 한번 관찰해 보라. 자신이나 다른 사람에게서 관찰될 수 있는 자기중심적이거나 상호작용 중심적인 또는 과제 중심적인 행동을 대표하는 전형적인 문구들을 기록해 보라.

전달이라는 말은 나눈다는 말에서 온다. 실제적인 대화에서 타자는 절대 단순한 청자가 아니다. 오히려 상대방과 과제를 함께 나누는 능동적인 파트너이다. 상호작용은 화자의 일방적인 행위가 아니며 오히려 두 사람 사이의 과정이라고 할 수 있다. '이해'란 청자의 동의를 전제로 한다! 청자와 화자는 곧 두 파트너의 선한 의지의 기능에 의해 좌우되는 하나의 단위라고 할 수 있다.

연습 앞으로 다음과 같은 것들을 강화하면서 의식적으로 상호작용 중심적인 행동을 연습해 보라.

- 정보 주기
- 주의 깊게 듣기
- 다른 사람의 견해를 묻기
- 좋은 아이디어를 지지하기
- 소심한 사람을 대화에 끌어들이기
- 조언을 구하기
- 요약하기
- 서로 다른 견해들의 일치점 찾기

결정 과정

2차 세계대전 동안 미국에서는 영아를 가진 엄마들을 건강한 섭생방법에 친숙해지도록 하는 노력이 있었다. 신선한 야채가 부족했기 때문에 엄마들은 영아 먹거리로 간유(간에서 나온 기름)와 오렌지 주스를 사용해야만 했다.

어떻게 하면 가장 효과적으로 새로운 섭생방법을 납득시킬 수 있을 것인지 찾기 위해서 각각 서로 다른 2개의 시시문이 실험되었다. 한 집단에서는 엄마들이 섭생전문가들로부터 단 20분간의 강의만을 듣게 되었다. 그리고 다른 실험 집단

> 결정 과정에는 의사소통의
> 방식이 크게 영향을 미친다.

에서는 6명의 어머니들이 함께 10분간의 강의를 듣고 이어서 나머지 10분 동안은 들었던 것에 대해서 서로 토론할 수 있게 했다.

실험결과는 오직 강의만을 들은 엄마들 중에서는 40%만이 아이들에게 권장된 먹거리를 사용하는 것으로 나타났고, 이와 반대로 강의와 토론의 기회를 얻었던 엄마들 중에서는 90%가 권장된 먹거리를 사용하는 것으로 나타났다!

방금 우리는 집단의 성과를 위해서 좋은 의사소통이 얼마나 중요한지 보았다. 곧, 이러한 시도는 적절한 의사소통의 가능성이 결정과정에서 매우 큰 역할을 한다는 것을 분명히 보여 준다. 결정의 과정에는 문제 해결만이 아니라 그것에 필수적인 팀의 의사소통이 필요하다는 것이다. 참여자들은 의사소통이 가능해지면서 결정의 정당성에 대해서 확신하게 되고 그것을 지지하게 되는 것이다!

우리가 잊지 말아야 할 것은 집단 내의 모든 결정 앞에는 먼저 서로 다른 견해와 갈등이 존재한다는 점이다. 종종 어떻게 목적에 도달할 것인지에 대한 견해 차이뿐만이 아니라 또한 목적 자체에 대한 서로 다른 해석이 존재한다. 예를 들어, 얼마나 빨리 영화관이나 극장에 갈 것인지 합의하기 전에 먼저 우선 되는 것은 지금 영화관이나 극장에 갈 것인지 여부를 분명히 하는 것이다. 서로 상이한 관심 상황에서는 목적이 의미하는 것이 서로 다르므로 그에 따른 권력다툼이 생겨난다. 바로 이런 것을 방지하기 위해서 우리는 결정의 논의 과정에 다음과 같이 방법론적으로 접근해야 한다.

> 관심이 동일하더라도 모든 집단에는 갈등이 먼저 존재한다.

- 목적 그 자체와 목적에 도달하기 위한 방법이 정확하게 정의되어야 한다.

(무엇을 얻을 것인가? 어떻게 그것에 도달할 것인가?)

- 해결책을 평가하게 될 기준에 대해서 일치를 보아야 한다.

  (문제의 해결이 적절한 것인지 어떻게 결정할 것인가? 일치를 보기 위한 기준을 찾을 수 있는가?)

- 서로 다른 관심과 목표에 대한 상이한 기대 및 평가기준이 존재한다는 것이 모든 사람에게 인식되어야 한다.

  (사람들은 이 해결을 통해서 본래 무엇을 얻고자 하는가? 이것은 무엇 때문에 각 개인에게 중요한 것인가?)

- 문제 해결을 위해 중요한 활용 가능한 모든 정보가 수집되어 하나로 모아져야 한다.

  (어떤 정보가 중요하고 어떤 정보가 덜 중요한가?)

- 해결책을 선택한 이후에는 모든 집단 구성원이 결정을 따를 준비가 되어 있는지 확인해야 한다.

  (해결책의 결정에 모든 사람이 충분히 참여하였는가? 모든 사람이 좋은 해결책을 찾은 것으로 확신할 수 있는가?)

어려움은 종종 결정 후에 시작되기도 한다. 바로 결정사항이 관철되어야 할 때 말이다! 섭생전문가들의 결과로부터 우리는 매우 중요한 기본원칙을 도출할 수 있다.

사람들은 자신이 결정 과정(예를 들어, 집단 내에서)에 직접 참여하는 기회를 가셨을 때, 결정에 대해서 가장 효과적으로 확신할 수 있다.

소위 '권위'적 지시는 집단 설득력에 비해 훨씬 덜 동기화된다.

미프와 보르 게임: 문제를 어떻게 풀 것인가

NASA 게임을 통해 결정을 해야 하는 상황에서 집단이 어떤 행동을 하는지 몇 가지를 배웠었다. 이제 좀 더 어려운 상황을 살펴보자.

문제를 해결하는 과정에서 각 구성원들이 문제 해결을 위한 부분 정보만을 가지고 있다면 그 집단은 어떻게 행동할까?

문제를 해결해야 할 때 만약 공식적인 집단 지도자가 없다면 집단은 어떻게 행동할까? 각 집단의 구성원들은 문제 해결을 위해 교환할 수 있는 부분 정보만을 가지고 있다면 이것과 관련하여 우리는 문제해결을 좀 더 어렵게 하기 위해 어떤 정보로는 중요한 것을, 반대로 어떤 정보로는 사소한 것을 제공하였다.

당신은 5명에서 10명의 집단을 구성하여 미프(Mipps)와 보르(Wors) 게임을 할 수 있다. 서로 경쟁할 수 있는 많은 집단을 구성하는 것이 이상적이다. 가장 먼저 과제를 끝낸 집단이 이기게 된다. 먼저 52쪽에 있는 모든 질문과 대답을 작은 카드에 적어 보자. 각 집단을 위해서는 26개의 카드에 있는 오직 한 문장만이 필요하다. 자, 이제 게임을 즐겨 보자.

게임 루트(Lutts)와 미프(Mipps)가 새로운 도로 척도라고 가정하라. 그리고 다르(Dars), 보르(Wors), 미르(Mirs)가 시간을 재는 새로운 단위라고 가정하라! 한 사람이 A 도시에서 출발해서 B 도시와 C 도시를 거쳐 D 도시로 차를 타고 간다. 집단의 과제는 A 도시부터 D 도시까지 가는 데 얼마나 많은 보르가 필요한지 결정하는 것이다. 가장 먼저 해답을 찾는 집단이 이기게 된다. 만약 집단이 하나만 있다면 과제를 해결하는 데 20분 이상을 초과하면 안 된다!

집단 구성원들을 원으로 둘러앉힌다. 그리고 문제와 정답이 적힌 카드들을 섞는다. 그다음 집단 구성원들에게 한 장씩 나누어 준다. 그 카드에 적힌 정보를 서로 구두로 교환할 수 있다. 그러나 게임이 끝날 때까지 게임의 전 시간 동안 절대로 카드를 손으로 다른 사람에게 전달해서는 안 된다. 공식적인 집단의 리더를 선출할 수도 없다. 모두에게 게임 규칙이 분명해졌고 모든 카드가 분배되었다면 게임을 시작하라. 게임을 하는 것 외에도 과제를 해결할 때의 자신의 행동에 대해서 경험하고 싶다면 41쪽에 있는 관찰 기록지를 다시 사용한다. 해답은 287쪽 부록에 실려 있다.

A에서 B까지는 얼마나
먼 거리인가?

1 보르(Wor)는
5 미르(Mirs)에 해당한다.

A에서 B까지는 4 루트(Lutts)이다.

미르(Mir)는 무엇인가?

B에서 C까지는 얼마나
먼 거리인가?

미르(Mir)는 시간의 단위이다.

B에서 C까지는 8 루트(Lutts)이다.

1시간은 얼마큼의 미르(Mir)에
해당되는가?

C에서 D까지는 얼마나
먼 거리인가?

C에서 D까지
10루트(Lutts)에 해당된다.

1시간은 2 미르(Mirs)이다.

1 루트(Lutts)는 얼마나 큰가?

그 남자는 A에서 B까지 자동차로
얼마나 빨리 달리는가?

1 루트(Lutts)는
10 미프(Mipps)이다.

그 남자는 A에서 B까지 보르(Wor)당
24 루트(Lutts)로 달린다.

미프(Mipp)는 무엇인가?

미프(Mipp)는 길이의 척도이다.

그 남자는 B에서 C까지 자동차로
얼마나 빨리 달리는가?

1Km는 얼마나 많은 미프(Mipps)에
해당하는가?

1Km는 2 미프(Mipps)이다.

그 남자는 B에서 C까지 보르(Wor)당
30 루트(Lutts)의 속도를 낸다.

다르(Dar)는 무엇인가?

그 남자는 C에서 D까지 자동차로
얼마나 빨리 달리는가?

1 다르(Dar)는
10 보르(Wors)에 해당한다.

보르(Wor)는 무엇인가?

C에서 D까지 자동차로
30 루트(Lutts) 달린다.

분위기 문제: 무엇 때문에 집단이 마비되는가

집단 내에서 정보를 전달하고 연결하는 것이 얼마나 어려울 수 있는지 느꼈는가? 우리의 게임은 사실 아주 간단한 과제에 해당된다. 목적은 분명하게 정의되었고 집단은 과제를 해결할 수 있는 모든 정보를 다 갖고 있었다. 그러나 이렇게 비교적 간단한 문제조차도 공동 작업을 위한 마음가짐과, 그리고 무엇보다도 게임을 하는 동안 많이 의식하지 못했을지 모르지만, 각 집단 구성원들 사이의 의미 있는 과제 분배가 필요하다.

> 무엇보다도 과제의 의미 있는 분배가 필요하다.

과제의 분배에 성공하지 못하면(집단의 모든 사람이 동시에 집단을 지배하려 하고 남에게 지시를 하고자 할 경우이다) 팀 작업은 종종 완전한 혼돈 속에 빠지게 된다.

도대체 집단 내에서 과제 분배의 질문이 왜 문제가 될까?

여기에 다시 자기중심적인 행동이 결정적인 역할을 한다. 팀에서 공동 작업하는 모든 사람은 우선 외톨이의 자유를 어느 정도 포기하게 된다. 다른 팀 구성원들은 그에게 처음에는 마치 사자 사육사처럼 보이는데 그들을 상대로 자기를 주장해야 하고, 개인적인 바람들을 지켜야만 한다.

그러나 한편, 다른 사람으로부터 인정을 받고 집단에 소속되고 싶은 욕구가 존재한다. 즉, 성공적인 집단 작업을 위한 기본원칙은 다음과 같다.

자기주장과 적응이라는 맨 먼저 우선적으로 나타나는 두 개의
서로 상반된 집단 구성원의 욕구들을 충족시키는 것이 성공해야
만 한다.

당연히 집단 구성원이 집단의 욕구를 자신의 것으로 만드는 것
이 최상이다. 곧 집단을 자기 자신과 동일시하는 것이다.

그런데 이러한 동일시는 어떻게 가능할까? 먼저 우리가 생각해
봐야 할 것은 인간은 원래 사고와 행동의 많은 영역에서 일종의 '습
관의 동물'이라는 것이다. 새로운 목표, 새로운 과제는 진입된 선로
를 방해한다. 우리 모두는 불편한 새것에 방어하는 무의식적 표징
이라고 할 수 있는 '살인 문구(69쪽)'를 알고 있다.

사람들은 원래 오직 자기 자신에게서 비롯되었을 때만 새것을
좋아한다. 이것이 바로 동기의 열쇠이다!

그러므로 다음처럼 집단은 동기화된다

- 새로운 아이디어와 과제를 알고 있는 것과 연결시키기
- 공동의 신념을 강조하기
- 모든 구성원에게 가능한 한 자주 적극적으로 자신을 새것과
  관련시킬 수 있도록 기회를 주기
- 구성원 모두를 통합할 것. 그래서 가능한 한 높은 수준의 자기
  주도성이 기능하도록 하기
- 모두가 협동할 수 있어야 할 것
- 과제를 의미 있게 배분할 것

나쁜 집단 작업의 이유

- 방법론적 절차가 없는 작업
- 집단 내에서 일어나고 있는 과정에 대해 충분히 알지 못하는 것
- 불충분한 역할 분배
- 불분명한 문제 제시로 어떤 문제인지 확인이 저해될 때
- 구성원들의 경쟁적 사고
- 불충분한 또는 억제되는 의사소통
- 지배적인 또는 권위적인 리더십
- 집단의 규모가 너무 커서 구성원들의 통합이 어려워졌을 때

나… 너… 그…: 더 좋은 의사소통을 위한 원칙들

"본 서명인은 의장님께 간청합니다."

여기서 언어가 편지의 발송인이 의식하고 있는 것보다 더 많은 것을 드러낸다. 지금까지 우리는 의사소통의 여러 가지 유형에 대해서 또는 한 집단 내에서 관찰할 수 있는 상호작용에 대해서 살펴보았다. 이제 그 (의사소통의) 내용을 좀 더 상세하게 관찰해 보자!

앞의 문장은 어떤 특정한 사람에게 보낸 것은 아닐 것이다. 다만 특정 기관의 대표에게 향해 있다. 이 편지는 물론 어떤 '사람'으로부터 발송된 것이 아니고 어떤 '서명인'으로부터 온 것이다. 사람들은 여기서 기관 대표와 서명인과의 관계가 엄격하게 오직 허용되는, 공적으로 규정된 또는 순서적으로만 가능한 범위 안에 있다는 것을 느낄 것이다.

> 나 진술이 사람 간의 거리 대신 접촉을 형성한다!

앞에 기술된 편지는 사람이 아니라 **기능**에 향해 있다. 여기서 의사소통은 바로 원하는 지위의 영역과 관계되고 나 자신(온전한 한 사람)은 여기에서 사실 아무 상관이 없다. "그자여, 내게 무엇을 보고하려는가? 그자는 어서 말하라!" 이것이 바로 왕의 (너라는 2인칭이 3인칭 화법으로 표현됨), 상관의, 먼 위치의 사람의 언어이다! 무엇보다도 의사소통의 내용 안에서 거리를 느낄 수 있다. 많은 사람과 하루 종일 함께 일할 수 있다. 게다가 서로 활발히 대화할 수도 있다. 그러나 우리는 그들과 가까워지지 않았다는 느낌을 갖기도 한다.

다른 사람에게 거리를 두는 문장은 바로 다음과 같다.

"글쎄, 사람들이 아마도 원래 그럴 거야." 또는 "내 생각으로는 그가 이제 말해야 하겠지, 왜 그런지……."

무엇이 이 두 문장에서 공통인가? 여기서는 어떤 사람도 직접적으로 호칭되지 않는다. 그리고 이와 함께 다른 누구에게도 내게 직접적으로 대답하고, 나와 관계를 시작할 그 기회 또한 주지 않는다. 특히 내가 말하는 것에 대해서 나는 사실 어떤 책임도 지려 하지 않는다는 것을 알게 한다. "사람들이 아마도……." 라고 말하면서…….

우리가 문장을 전환해 보자!

"하지만 그것은 원래 네가 했어야만 할 거야" "제발 이제 말해, 왜……." 너 호칭은 여기서 또한 상당히 일방적이다. 나는 오직 다른 사람에 대해서만 진술하고 있다. 다른 사람에 대한 주장만을 하고 있으며 그 주장은 어떤 답변도 허용하지 않는다("너는 창피한줄 알아라!"라는 것과 같이).

우리에게는(역자 주: 여기서는 독일인을 말함) '나'로 시작하는 문장은 공손한 것으로 통하지 않는다. 그러나 한번 시도해 보자.

"나는 네가 ~해야만 할 거라는 느낌이 들어." "나는 네가 왜 그랬는지 관심이 가." "나는 너 때문에 마음이 상했어. 왜냐면……." 이러한 정보들은 다른 사람과의 직접적인 관계를 만들어 낸다. 나 자신에 대한 진술을 포함하고 있기 때문이다(우리는 맹점을 가진 창문을 기억하고 있다!). 그리고 다른 사람에게 직접적으로 대응할 수 있는 기회를 준다. 상대방을 무책임한 주장

> 나 진술법을 통해 말한 것의 책임을 받아들이라!

을 통해 홀로 방치하지 않는 것이다.

　의사소통의 내용이 어떻게 종종 결정적으로 화자가 그가 말하는 상대에게 무의식적으로 갖고 있는 접촉과 거리의 정도를 표현하는지 보았다. 그래서 이제 다음 대화에서는 완전히 의식적으로 다른 사람에게 향하는 모든 문장을 나 진술법으로 시작하기를 한번 시도해 보라! 이것은 질문 문장에서도 가능하다. "너 제발 나한테 한번 말해 볼래?"라는 문장 대신 "한 가지 사실이 아직 내게 분명하지가 않아. 내게 말해 줘." 이것은 바로 다른 사람에게 당신과 관계 속에 들어가는 것을 훨씬 더 쉽게 만든다.

　나 진술법은 물론 당신 자신에 대한 진정한 정보들을 담고 있어야만 한다. 즉, 다음처럼은 말하지 말 것이다! "내 생각에 너는 뻔뻔스럽다고 생각해!" 대신에 "나는 너한테 상처받은 느낌이야. 왜냐면 네가……."

　연습　평소 주로 사용하는 '사람들'과 '너'로 시작하는 문장을 한번 써 보라. 그리고 그것을 '나'로 바꿔 쓰는 연습을 해 보라. 이 연습을 통해 대화 상황에서 접촉과 거리에 대한 정서가 강화될 것이다.

집단: 창의성 요인

창의적인 사람에 대해 이야기할 때 오늘날도 우리의 환영에는 아주 좁은 연구공간에 있는 고독한 천재가 떠오른다. 그러나 개인에 비해 집단의 성과적 장점은 분명하다. 그래서 집단의 장점이 창의적 과제의 해결을 위해서도 유효한지 물을 수밖에 없다.

도대체 무엇이 창의성인가? 어떤 새로운 것을 만들어 내는 능력인가? 다음과 같은 또는 이런 비슷한 정의가 이 질문에 대한 매우 간단한 답이 될 것이다. 괴테(Goethe, 독일의 대문호) 역시 이미 존재하는 언어를 이용했다. 동시대의 또는 다른 사람의 과거의 성과 없이는 창조적인 과정이라는 것은 전혀 가능

> 창의성이란 알려진 정보에서 새로운 조합을 만들어 내는 능력이다.

하지 않을 것이다. 그래서 창의성을 **알려진** 정보로부터 **새로운** 조합과 체제를 만들어 내는 것이라고 정의하는 것이 더 정확할 것이다. 모든 새로운 발명은 이미 알려져 있는 사실 위에 지어진 것이다. 다만 이러한 것들이 새로운 형태의 방법으로 사용되었을 뿐이다.

자신이 씹던 껌을 그대로 구멍이 뚫린 도관을 막기 위해 사용해 선원들의 목숨을 건졌다는 잠수함 선원에 관한 그 유명한 이야기는 모든 사람 안에 창의적인 능력이 숨어 있음을 보여 준다. 창의적 문제해결의 기술인 모폴로지 상자(morphological box=츠비키 상자)의 '발명자'인 스위스 천체물리학자 프리츠 츠비키(Fritz Zwicky)는 "모든 인간은 대체할 수 없는, 고유한 그리고 비교 불가능한 천재이다."라고 말한다.

그러면 왜 몇몇의 사람만이 다른 사람에 비해 대체할 수 없고, 비교할 수 없는 사람으로 보이는가? 그들은 대부분 '불가능'이라는 단어를 다른 사람들보다 더 적게 사용하는 사람들이다. 예를 들어, 19세기에 인간이 만든 기계로 날아다닌 것은 불가능하다는 것을 '증명했던' 많은 물리학자가 있었다.

상상력의 부족과 익숙한 습관들이 사고를 종종 정지시킨다. 일상의 경험들은 신속하게 일반화된다. 우리는 개념과 범주를 형성하고 이것들을 가지고 우리의 환경을 분류한다. 그렇기 때문에 아이들이 대부분 성인들보다 더 창의적이다. 성인에게는 '다만 나무 한 조각'인 것이 아이에게는(예술가에게도 마찬가지로) 실험을 할 수 있는 흥미로운 대상이 될 수 있다.

> 창의적 인성의 중요한 특성은 인습적인 상상으로부터의 독립이다.

범주와 개념들은 사회를 위해서는 물론 필수적이다. 사회조직이 서로를 이해시키고자 한다면, 사회는 또한 개인에게 창의적 성과를 위한 전제가 되기도 한다. 다른 한편으로는 사회의 획일성의 압력은 창의적 잠재력이 있는 아이가 적응적인 성인이 되도록 만들고 만다. 곧, 그가 사물들을 '보아야만 하는' 방식대로 보도록 함으로써 말이다.

여기에 대한 아슈(Asch)의 흥미로운 실험이 있다. 실험에 참가하는 이들은 길이가 서로 다른 여러 개의 선들 중에서 지정된 기준선과 같은 선을 찾아야 했다. 모든 실험대상들은 혼자서는 이 과제를 매우 쉽게 풀 수 있었다. 그런데 각 실험대상들을 사전에 내막을 알고 일부러 일률적으로 틀린 답을 계속 제시하는 집단과 경쟁시켰을 때는 실험대상의 실수는 훨씬 증가하게 되었다.

*창의적 인성의 가장 중요한 특징은 곧 **독립성**이다.*

다시 말해, 인습적 상상과 다른 사람의 생각으로부터의 독립성이다.

집단 작업은 그래서 집단 구성원들의 창의성에 부정적 또는 긍정적 영향을 미칠 수 있다.

실험 보조 도구를 사용하지 않고 다음의 A에서 D까지 4개의 선 중에서 맨 밑의 기준선 X와 동일한 길이의 선을 찾으시오.

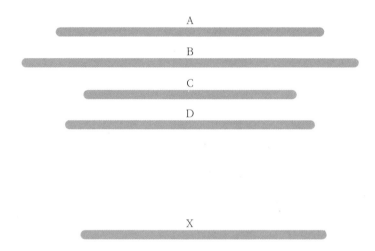

6-3-5 방법

"종종 아이디어를 계속 발전시키는 것보다 아이디어를 묵살시키는 것에 더 많은 시간이 할애된다."(독일 전자 도매 회사 Sikora의 명언)

작업집단 내에서 '전문적 아이디어 제동자'는 우리의 천재성을 강박의 외투 안에 가둔다. 다른 한편으로 우리의 창조적인 고유성은 종종 집단 속에서 비로소 펼쳐질 수 있다.

팀 안에서는 각종 다양한 생각과 경험이 제각기 터져 나온다. 우리는 전수받은 일반적인 생각의 습관들을 포기할 수밖에 없다. 또는 성급히 내린 판단들은 때로 비판의 화형대 속으로 던져지기도 한다.

그러나 집단이 독불장군들을 위한 전투장이 되지 않으려면, 곧 오직 자기의 생각만 관철시키고자 하는 전쟁터가 되지 않으려면 이런 것을 방지할 수 있는 특정한 규칙을 중시하여야 한다. Sikora 회사에 의하면 그러한 테크닉이 '전환기능'이다. 이 기능을 통해서 존재하는 사고의 곤란이 해소되고 창의성을 마비시키는 생각방식이 허물어지며 집단의 민주화가 달성된다는

> 브레인스토밍 속에서 집단은 민주화가 된다.

것이다. 다시 말해, 모두를 위한 기회와 창의적인 능력들이 펼쳐지는 것을 의미한다. 집단은 참여자 모두에게 이해와 수용됨의 정서적 분위기를 생산해 낼 수 있어야만 한다.

이 목적에 적합한 기술이 바로 잘 알려진 '브레인스토밍'이다. 이

것은 번역하면 대략적으로 '생각의 폭풍'을 의미하는 것이며 이와 함께 다음과 같은 기본원칙을 시사한다. 브레인스토밍에서는 집단원의 생각과 아이디어는 자유롭게 개진되고 서로 대립적으로 전진할 수 있어야 한다. 아이디어 제동자는 여기서 제외될 것이다.

브레인스토밍의 기본원칙

1. 원칙적으로 비판은 금지
2. 모든 아이디어가 허용됨. 환상적일수록 더 좋음
3. 누구나 가능한 한 많은 아이디어를 개진해야 함
4. 누구나 다른 사람의 아이디어를 포착해서 계속 발달시켜도 됨
5. 모든 아이디어는 개인이 아닌 집단의 성과로서 존중될 것임

브레인스토밍 회의에서는 거의 모든 문제가 다루어질 수 있다. 휴가 계획에서부터 새로운 상품의 개발까지. 그러나 브레인스토밍을 성공적으로 실행하기 위해서는 몇 개의 규칙이 중시되어야 한다.

가장 먼저 문제가 명확하게 정의되어야 할 것이다. 이때 '제설삽'과 '발굴 삽'의 질문은 구분되어야 한다. 제설 삽 질문은 부정확하게 제기된 문제이며 이것은 오로지 모호한 답변만을 가져올 수밖에 없다('드라이버 손잡이의 개선'과 같은 것). **발굴 삽**의 질문은 이와 반대로 목적에 대해서 세밀하게 표현된 질문과 같은 것이고 보통 '무엇을?' '어떻게?'와 같은 말로 시작한다("드라이버가 힘들지 않고 효과적으로 사용될 수 있도록 드라이버 손잡이를 구성하기 위해서 우리는 무엇을 할 수 있겠는가?"라고 질문하는 것과 같은). 이러한 질문만이 나중에 제기된 질문이 해결되었는지, 되지 않았는지 통제할 수

있다. 우리는 물론 질문이 너무 특수하게 제기되어서 처음부터 해결가능성이 너무 많이 제한되지 않도록 주의해야할 것이다!

그러면 누가 브레인스토밍 모임에 참여해야 하는가?

앞에서 말한 것을 보면 답은 저절로 나온다. 모두이다. 제기된 문제와 어떤 방식으로든 관련이 있는 모든 사람이다. 전문가가 없는 오솔길 위에 새로운 이정표를 세우기 위해서 비전문가에게도 기회가 주어져야 한다. 또한 브레인스토밍 집단의 크기도 중요하다. 너무 작은 집단에서는 특히 오래 공동 작업을 할 경우 너무 빨리 모두가 하나로 일치하는 비창의적인 평화로운 가족 분위기가 되어 버릴 것이다. 너무 큰 집단에서는 개인의 아이디어는 쉽게 묻힐 수 있다. 경험상 8명에서 12명 사이의 참여자를 가진 집단이 가장 효과적으로 일한다.

특히 새 집단에서는 모임 전 매번 앞에서 제시된 브레인스토밍의 다섯 가지 기본원칙을 반복해 보도록 주의한다. 각 모임은 40분 이상 지속하지 않는 것이 좋다. 모임이 진행되는 동안에는 위원상과 서기가 집단의 영혼이다. 위원장은 열

> 브레인스토밍은 서면 방식으로도 진행할 수 있다.

정적으로 모든 집단 참여자가 규칙을 지키도록 보살펴야 하며 소위 '살인 문구'들은 금지해야 한다(69쪽). 서기의 과제는 모든 아이디어와 제안을 잘 파악하고 기록하는 것이다.

종종 모임에 적합한 참여자들이 브레인스토밍을 하기 위해 같은 시간, 같은 장소에 집합하기가 가능하지 않을 수 있다. 이런 경우에는 서면으로 하는 브레인스토밍도 유효하다. 이를 위한 6-3-5 방법의 과정이 66쪽에 있다.

6명의 참여자들로부터 각 용지 위에 18개의 제안을 받을 때 108개의 새로운 아이디어가 만들어진다. 여기서 몇 개는 확실히 활용될 수 있을 것이다. 당연히 시험적으로 처음에는 약간 소박하게 5-3-4 또는 4-2-3 방법을 해 볼 수 있다.

물론 탁월한 브레인스토밍의 모임에서도 그러한 것처럼 모든 방법이 매우 신속히 익숙해지지는 않을 것이다. 다른 한편 자신의 아이디어를 서면으로 포착하는 것이 차라리 더 쉽고 공개적으로 발표하는 것에 어려움을 느끼는 그런 사람들도 역시 있다. 이런 사람들에게는 서면 브레인스토밍의 방법이 더 적합하다. 일반적으로는 모든 참가자가 옆에 나란히 동석하였을 때 브레인스토밍을 실행한다.

연습 주위의 가족이나 친구들에게 한번 실험해 보라. 얼마나 많은 환상적인 생각들이 가능한지 그리고 이 짧은 틈새놀이, '사고 폭풍'이 얼마나 재미있는지 깜짝 놀라게 될 것이다. 이를 위해 제안한 주제는 70쪽에 있다.

서면 브레인스토밍을 위한 규칙

• 6명(6)의 사람이 A4 용지 위에 어떤 특정한 문제의 해결을 위해 각각 3개(3)의 해결책을 적는다(모든 사람이 자신을 위해 혼자 적음).
• 그런 다음 이 용지들을 나머지 5명(5)에게 차례대로 계속 전달한다. 그래서 이 회전의 마지막에는 각각의 사람들이 모든 다른 사람의 제안이 적힌 종이를 손에 쥐게 된다.
• 모두가 다른 사람의 제안에 3개의 아이디어를 계속 추가하는

것이다.

- 즉, 최종적으로 모든 용지에 18개의 아이디어가 쓰여 있어야
만 한다.

이렇게 한 회전은 종결된다. 이제 당신은 문제를 해결하기 위한
108개의 아이디어를 갖고 있다!

살인 문구와 아이디어 제동자

모든 회의가 브레인스토밍으로 기능이 전환될 수는 없다. 그러나 모든 작업집단에서 문제를 성공적으로 해결하고자 한다면 당신은 브레인스토밍에서 제시된 몇 가지 규칙을 중시해야 할 것이다. 이 규칙들이 집단이 '서로 상반되는 개별 관심사들을 보전해 주는 단체'가 되지 않도록 방지해 줄 것이다. 이럴 때 당신의 회의가 '성공적 집단의 특징'으로 간주되지 않겠는가?

성공적 집단의 특징

- 분위기가 이완되어 있다.
- 모든 집단 구성원이 토론에 사명감을 갖고 참여한다.
- 사람 중심이 아닌 과제 중심의 토론을 한다.
- 업무 목표가 명료하게 정의되고 모든 집단 구성원이 이를 이해하고 수용한다.
- 분위기가 비형식적이다. 모든 기여가 수용되고 인정된다.
- 모든 견해가 토론된다. 어떤 견해도 간과되거나 억압되지 않는다.
- 모든 결정은 공동으로 내린다.
- 모든 참가자는 그들의 견해를 공개적으로 표현할 수 있다.
- 집단 내에서 명료하고 모든 사람에게 인정되는 역할과 과제의 분배가 이루어진다.
- 집단 리더는 권위적이거나 지배적이지 않다. 그는 중재자의

기능을 한다. 그의 우선권이 아니라 과제가 전면에 표방된다.

　지도자뿐만이 아니라 작업집단의 참가자 또한 계속해서 지배적인 행동방식을 보이거나 다른 사람의 견해를 억압할 수 있다. 그 이면에는 새로운 것에 대한 불안이 도사리고 있다. 다음의 아이디어 제동자에 관한 그 유명한 살인 문구가 이를 증명한다.

살인 문구

그렇게는 우리가 단 한 번도 해 본 적이 없지. ……가능하지 않아. ……시간이 없어. ……우리는 이미 모든 것을 시도해 봤어. ……지금은 그럴 형편이 아니야. ……모두 회색이론이야. ……이미 그런 생각을 한 사람이 없었던 게 아니야. ……너무 구식이야. ……너무 신식이야. ……거기에 대해서는 다음에 한번 얘기해 보자. ……우리는 그것 말고도 너무 많은 프로젝트가 있어. ……대체 어떤 광신자가 그런 생각을 했어? ……그건 정말 안 된다는 것을 우리는 이미 알고 있잖아. ……그걸 하려면 무슨 위원회라도 하나 만들어야겠다. ……일단 일이 돼 가는 것을 한번 보자. ……우리하고는 상관없는 일이야. ……사람들이 우리가 제정신이 아니라고 할 거야. ……아, 그런 생각을 하다니 또 당신이에요? ……나는 아무 연관성도 보지 못하겠군요. ……그건 규정에 어긋나. ……좋은 말로 들리는데 내 생각에는 그게 될 것 같지 않아. ……지시사항에 의하면 그것은 완전히 아니야. ……일만 산더미로 만들 뿐이지. ……감당할 수 없게 될 거야. ……성질만 돋우는 일이다.

(Clark, p. 72)

연습 여기에 브레인스토밍 모임을 위한 몇 개의 과제를 제시한다. 이 과제는 아주 재미있는 파티의 재료로 사용될 수 있을 것이고 당신과 당신의 친구들에게 창의적인 능력을 발견하는 기회가 될 수 있다.

브레인스토밍을 위한 주제들

- 승용차를 타려는(특히 주말에) 운전자에게 그의 생각을 바꾸기 위해 무엇을 할 수 있는가?
- 북극의 그린랜드를 어떻게 매력적인 여행지로 만들 수 있는가?
- 사장을 상대로 희망하는 급여 인상을 위해 어떤 근거를 댈 수 있는가?

아니면 다음처럼 잘 알고 있는 사물들의 새로운 사용목적을 찾아 볼 것.

- 사무용 클립을 또한 ~하기 위해서 사용할 수 있을 것이다.
- 옷걸이를 또한 ~하기 위해 사용할 수 있을 것이다.
- 낡은 자동차 타이어를 또한 ~하기 위해 사용할 수 있을 것이다.

협동

4장에서 했던 창의성 연습은 상습적 아이디어 제동자들에게 '입마개'를 씌울 때 얼마나 많은 고유의 아이디어를 한 집단이 만들어 낼 수 있는지 보여 주었을 것이다.

아니면 아직도 여전히 확신이 들지 않는가? 그래서 계속해서 외롭게 부화되는 천재성이 더 우수하다고 보는가? 그렇다면 아래의 문제를 풀면서 한번 알아보라.

연습 다음의 그림에서 9개의 점들은 4개의 직선을 통해서 서로 연결되어야 한다. 이때 연필을 내려놓아서는 안 된다. 즉, 4개의 선들이 연결되게 그어져야 한다. 또한 어느 하나의 점도 빠져서는 안 된다.

즉, 이 9개의 점들을 서로 연결된 4개의 직선으로 묶어라! 지금 계속해서 다음을 읽기 전에 먼저 한번 시험해 보라. 정답은 287쪽 부록에 있다.

정답을 보고 난 다음 머리를 감싸 쥐지는 않았는가? 덧붙이자면 대부분의 심리학자는 상식적인 생각과 구습적 상상(여기서는 사각 형태)이 익숙지 않은 문제 해결에 얼마나 크게 방해가 되는지 잘 알고 있다.

곧 가능한 한 많은 낯선 생각(또한 신념)과 접촉하는 것이 자신의 정신적인 관습성을 막는 가장 좋은 보장이 될 것이다.

우리는 공동의 목표 확인이 성공적인 집단 작업의 전제라는 것을 확인하였다. 그러나 각 집단원들이 종종

> 목표에 대한 일치뿐만이 아니라 해결방법에 대한 일치 또한 중요하다.

깨닫는 것처럼 목표에 도달하는 최고의 방법을 아는 것만으로 문제를 지구상에서 완전히 사라지게 한 것은 아직 아니다. 목표에 대해서 일치를 보는 것 외에도 문제의 해결방법에 대한 합의도 필수적이다. 그렇다면 훈련이 안 된 집단에서는 합의가 어떻게 진행되는

지 한번 살펴보자.

당신의 집단에서 일어나는 합의의 형태는 다음 중 어디에 일반적으로 더 가까운가?

- 누군가 제안을 한다. 그러나 이 제안은 열띤 토론으로는 전혀 존중되지 않는다.
- 제안은 열렬히 환영된다. 그러나 더 좋은 아이디어가 생긴다면 종전의 제안은 가차 없이 폐기되고 활용가능성에 대해서 더 이상 거론되지 않는다.
- 집단에는 '전문가'가 있다. 그래서 누구든 원래는 반대하고 싶지만 창피받을 두려움 때문에 아무도 그렇게 하지 않는다.
- 몇 사람이 미리 사전에 최선책에 대해서 합의를 본다(또는 회의에서 매우 격렬하게 큰 목소리로 일치를 찾는다). 그런 다음 장단 맞춰 서로 주거니 받거니 잘 넘어간다. 나머지 사람들은 압도되어 침묵한다.
- 민주주의를 표방한다. 그리고 표결방법이 가장 가능한 해결책이라고 선언한다. 그래서 아무도 '비민주적'이 되지 않기 위해 저항하지 않는다.

표면적으로는 지금 일치를 보고 있다. 그러나 유감스럽게도 만족하지 못한 '침묵하는 소수'가 다수의 결정을 은밀하게 우회해서 가려고 가능한 모든 방법을 시도할 것이다. 또한 민주주의가 소수를 억압하기 위한 그 어떤 절대적 보장도 되지 못한다. 그러나 이런 상황을 은폐하기 위해서 정치가들은 '대중의 관심' '모두의 행복을 위해서' 등과 같은 단어를 얼마나 많이 사용하고 있는가!

실제 결정 과정에서는 종종 이런 현상을 추적하기가 쉬운 일이 아니다. 나중에 놀라움에 차서 이러한 경우를 확인하게 될 때가 있다. 가령 본래 스페인에 가기 위해 기차를 타는 것이 나은지, 아니면 비행기를 타는 것이 나은지 서로 상의하기 위해 모인 사람들이 종국에는 좁은 노르웨이 해협을 항해해 가기로 결정해 버리고만 그런 일들 말이다.

다음 게임에서 왜 이렇게 자주 집단에서 작업 과제를 처리하는 것이 어려운지 분석해 보려 한다. 그래서 이제 다음의 '침묵 게임'을 한번 해 보라. 당신의 협동행동을 확대경을 통해서 한번 비판적으로 바라보자!

민주주의가 소수를 억압하지 않기 위한 보장은 아니다.

침묵 게임

이 게임은 스트레스 상황(여기서는 시간압박)에서 과제를 해결해야만 할 때 나타나는 집단의 협동행동을 검증하는 일이다.

게임 76쪽에 제시된 5개의 사각형을 두꺼운 흰 도화지에 그린다. 모든 사각형은 같은 크기(10×10cm)이어야만 한다. 다음, 각각의 사각형을 같은 알파벳을 가진 조각들이 동일한 크기가 되도록 (때로 이 조각들이 서로 교체될 수 있도록) 잘라 낸다. 알파벳은 다만 안내를 위한 것이고 사각형 위에 절대 쓰여 있어서는 안 된다.

각 집단을 위해서 5개 사각형의 한 세트가 필요하다. 모든 게임집단은 5명의 참여자로 구성된다. 게임 참여자의 숫자가 다섯으로 나뉠 수 없다면 나머지 사람에게는 협동 과정을 관찰하는 과제를 준다. 이들은 게임 규칙이 지켜지는지 주의하여 보아야만 한다.

이제 게임집단의 각 참여자는 사각형의 조각들이 들어 있는 봉투를 하나 받는다. 이 봉투에는 알파벳 A, B, C, D, E의 글자가 새겨져 있다. 그리고 76쪽에 제시된 조각들을 담고 있다. 이 개개 조각들은 어떤 집단 구성원도 혼자서는 사각형의 전체를 완성할 수 없게 배분되어 들어 있다.

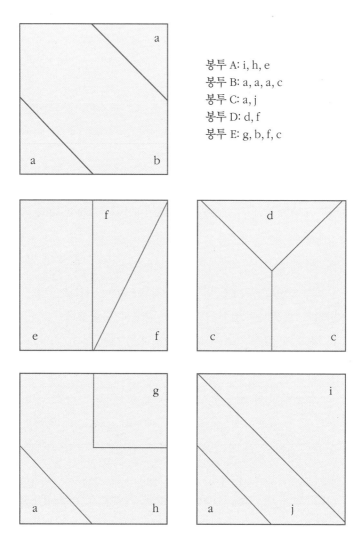

봉투 A: i, h, e
봉투 B: a, a, a, c
봉투 C: a, j
봉투 D: d, f
봉투 E: g, b, f, c

게임 규칙

- 각 집단은 5명의 참여자로 구성된다.
- 서로 방해나 영향을 줄 수 없도록 각 집단은 서로 다른 테이블에 앉는다.
- 사각형의 조각들이 들어 있는 A, B, C, D, E의 5개의 봉투는 각 집단의 5명 참여자에게 분배된다.
- 게임리더의 신호와 함께 모든 집단원이 봉투를 연다.
- 집단은 들어 있는 조각들을 가지고 5개의 **동일한 크기의 사각형을 만드는 과제를 받는다. 이 조각들에서 더 작은 사각형이 구성될 수도 있다!
- 집단의 각 참여자가 모두 1개의 완전한 사각형을 완성했을 때, 게임은 종결된다.

주의 필수 사항

- 모든 참여자는 어떤 경우에도 서로 말을 해서는 안 된다. 신호를 통해서 무엇이든지 알리려고 시도해서도 안 된다.
- 게임 참여자는 다른 참여자의 구조에서 조각을 집어 오면 안 되며 자신이 어떤 조각이 필요한지 신호를 주어서도 안 된다.
- 게임 참여자는 자기의 구조에서 필요하지 않은 조각은 테이블 중앙에 놓는다.
- 모든 참여자는 다른 참여자의 조각을 오직 테이블 중앙에 놓여 있는 조각들 중에서만 가져갈 수 있다.

재 주의

게임리더는 어떤 상황에서도 말을 하거나 신호를 통해서 의사를 전달하는 일이 일어나지 않도록 주의한다!

5개의 모든 사각형을 가장 먼저 완성시킨 게임집단이 승자가 된다.

게임 평가

이 게임에서 참여자들이 왜 말을 해서는 안 되는지 지금 분명 질문을 하고 싶을 것이다. 여기에 아주 특별한 이유가 있다.

공식적인 리더가 없는 집단에서 각 집단 구성원들은―최소한 이론적으로―서로 동등한 권리를 가지고 있다. 그러나 현장에서 보게 되는 것은 대부분 한 명의 또는 여러 명의 집단 구성원이 다른 구성원을 지배하려고 시도하는 것이다. 흔히 자신을 관철시키는 사람은 가장 말을 잘할 수 있는 사람(또는 설득할 수 있는 사람)이다.

집단에서 비교적 조용한 사람은 때때로 그들이 다른 사람에게 지배당하고 있다는 것을 의식조차 하지 못한다. 왜냐하면 '다변가'

> 침묵 게임에서는 모두가 다른 사람에게 의존된다. 그 어떤 사람도 지배할 수 없고, 그 누구도 무시될 수 없다!

들은 일단 표면적으로는 자기 측면의 모든 물적 논리를 가지고 있기 때문이다. 그래서 사람들은 다변가에게 저항할 수 없다. 그러나 언젠가 이 아는 체하는 사람에 대한 무의식적 분노는 폭발하고 말 것이다. 여기에 관계된 사람들이 이때 일으키는 방해공작의 원인에 대해 스스로 의식하지 못할 때에도 마찬가지이다.

이 게임에서 참여자들은 서로 상대를 지배할 수 없다. 규칙이 그들 손에서 모든 언어적 또는 비언어적인 무기를 제거하였다. 모두가 다른 사람에게 의존되어 있다. 파벌 형성은 가능하지 않으며 그 누구도 무시되지 않는다. 모두가 이런 방식으로 결속해야만 한다면 집단에서는 어떤 정서와 행동 방식이 발달할까? 무엇이 과제 해결을 저지하고, 무엇이 그것을 촉진하는가?

게임의 사후 토론 안내(Brocher, T. 참조)

다른 집단참여자가 스스로 해결책을 알지도 못하면서 과제 해결의 중요한 조각을 손에 쥐고 있다면 어떤 기분이 드는가?

집단의 누군가가 잘못된 형태의 사각형을 완성해 놓고 자기만족의 미소를 지으며 등을 기대고 여유를 부리고 있다면 어떤 감정이 드는가?

자기만족에 취한 사람에 대해서 사람들은 무엇을 생각했는가?

그 사람은 스스로 무엇을 느꼈는가?

해결 가능성을 빨리 파악하지 못한 참여자들에게 어떤 기분을 느꼈는가?

그런 사람을 차라리 쫓아내고 싶었는가? 아니면 돕고 싶었는가?

이 게임을 하는 동안에 느꼈던 정서와 체험이 참여자들의 일상적 작업에서 가졌던 비슷한 체험과 관찰에 얼마만큼 일치하는가?

집단 상호작용의 진단

당신은 침묵 게임을 하는 동안에 분명히 집단의 만족스런 협동 방식을 위해서 몇 개의 조건이 필수적이라는 것을 알게 되었을 것이다.

- 각 집단 구성원은 문제 해결을 위해서 어떻게 해야 가장 잘 기여할 수 있을지 스스로 분명한 생각이 있어야만 한다.
- 각 집단 구성원은 다른 사람들이 문제 해결에 가능한(또는 중요한!) 기여를 할 수 있다는 것을 인지해야만 한다.
- 모든 집단 구성원은 집단 내의 다른 사람의 개인적 어려움에 대해서 인식할 수 있어야 하고, 그 어려움을 해결하기 위해서 그를 우선 도와야만 한다. 그러면 그는 계속해서 효과적으로 과제에 협동할 수 있다.

중요한 것은 여기에서 집단 구성원이 서로 접촉을 시도하는 방식이다(즉, 집단의 '상호작용 시스템').

미국 심리학자인 로버트 베일스(Robert F. Bales)는 집단 내 상호작용 과정의 관찰을 위해서 관찰 범주 시스템을 개발했다. 이 시스템을 우리는 82~83쪽에 제시했다. 베일스가 전제하는 것은 모든 집단은 과제의 본격적인 작업에 들어가기 전에 먼저 오리엔테이션과 평가 및 통제를 어떻게 할 것인지에 대한 문제를 해결해야만 한다는 점이다.

문제 해결 과정에서 결정의 문제, 긴장의 극복 및 집단 통합의 문제가 나타난다.

상호작용 과정의 관찰

관찰 범주

	관찰 범주	
A	**1. 결속이 나타남:** 다른 사람의 지위를 높여 주고 도움을 제공하며, 서로 칭찬을 나눔	←
	2. 이완된 분위기: 웃고, 농담을 나누고 만족감을 나타냄	←
	3. 동의하는: 수동적 존중이 나타나고 이해와 견해를 서로 나누며 함께함	←
B	**4. 추천하는:** 다른 사람의 자율권과 존중의 의미를 가짐	←
	5. 견해를 표현함: 평가와 분석 결과 관련, 정서를 나타내고 소망을 표현함	←
	6. 안내가 있음: 정보 관련, 반복, 설명, 확인을 해 줌	←
C	**7. 안내를 요청:** 정보 관련, 반복하고 확인해 줄 것	←
	8. 견해를 달라고 요청: 평가와 분석 결과 그리고 정서 상태 관련	←
	9. 추천을 요청: 행동 가능성과 행동 지도 관련	←
D	**10. 동의하지 않는:** 조력제공의 불허, 수동적 거부, 형식적인 태도	←
	11. 긴장을 나타냄: 조력제공을 요청하나 위축되어 있음	←
	12. 적대감을 나타냄: 다른 사람의 지위를 격하시키고 방어적이며, 자기 자신을 내세우고 싶어 함	←

문제 영역

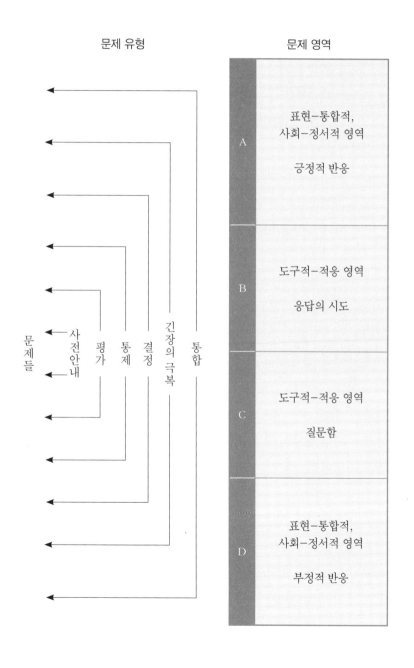

- 오리엔테이션의 문제는 초기에 집단 구성원들이 서로 차이 나는 수준의 정보를 가졌기 때문에 나타난다. 문제를 해결하기 위해 매우 중요한 정보들은, 곧 우선적으로 가장 먼저 교환되어야 한다.
- 다음에는 서로 다른 정보를 **평가**하는 문제가 남는다. 즉, 문제를 해결하기 위해 특정 사실이 어떤 중요성을 띠는지가 명료해져야 한다.
- 집단이 과제를 해결하는 구체적인 계획을 결정해야 하는 경우, **통제(컨트롤)**의 문제가 나타난다. 그리고 그 결정 과정에 서로 함께 영향을 미치는 시도가 있어야만 한다.

베일스는 상호작용의 형태 1에서 6까지(문제 영역에서는 A와 B)의 구조가 문제를 해결하는 촉진적 역할을 하고, 6에서 12까지(문제 영역 C와 D)는 집단 마비에 좀 더 작용함을 확인했다. 집단의 또는 집단 구성원의 작업방식을 확인하기 위해서 얼마나 자주 특정 시간대에, 어떤 상이한 상호작용의 형태가 나타나는지 리스트 위에 파악할 수 있을 것이다. 이 리스트를 통해 집단의 공동 작업과 구성원 통합을 위해 집단이 발전하고 있는지 아닌지를 검증할 수 있다. 발전하고 있다면 1에서 6까지의 범주 내에서 점점 더 강해지는 것을 보게 될 것이다.

베일스의 진단 시스템은 집단 연구자들에게 진단 도구의 한 형태로 명명된다. 그러나 이것은 집단 내 개인의 행동을 측정하는 데 쓰일 수도 있다. 예를 들어, 한 기업이 매우 중요한 자리를 채워야 하는 문제가 있다. 만약 지원자들이 전문성에서 동일한 자격을 갖추고 있다고 할 때 아마도 누가 다른 사람과 함께 협동하여 일할 수 있는 더 큰 능력을 가졌는지에 대한 판단이 중요한 일일 것이다. 그러면 지원자들에게 여기에 적합한 주제에 대해서 토론하게 한다. 교육을 받은 관찰자는 이때 각 지원자에게서 얼마나 자주 특정한 형태의 상호작용 유형이 나타나는지 확인할 수 있다.

그래서 다음과 같이 제안하는 연습이 당신에게 어떤 상황에도 매우 중요하리라!

연습 당신이 날마다 회의, 업무모임 또는 토론에서 자주 들을 수 있는 문장들이나 언어 방식을 작성해 보라. 그리고 작성된 문장을 1부터 12까지 베일스의 범주 안에 분류해 보라.

당신은 이렇게 하여 상호작용 형태에 대한 관찰 능력을 학습하게 된다.

연습 친구들과 함께 토론하는 내용을 녹음기에 녹음해 보라. 그리고 어떤 상호작용의 형태가 일어나는지 확인해 보라.

지인들 범위 안에서 토론 분위기가 어떤지 한번 진단해 본다.

연습 긍정적인 상호작용의 형태(1에서 6까지)를 의식적으로 지금보다 더 강화해서 사용해 보는 하나 또는 둘 이상의 토론이나 모임을 갖도록 스스로 시도해 본다.

성의 전쟁

    우리는 통합의 민주주의 형태가 종국에 모든 관련자가 무조건적으로 토론 결과에 만족하도록 만들지는 않는다는 것을 확인했다. 가장 좋은 것은 당연히 이느 누구도 무시되었다고 느끼지 않는 일반적인 일치가 일어날 때일 것이다. 이것은 모든 관련자가 결국 공동의 목표(이윤, 오락 등)를 좇는다는 전제에서 가능하다.

    이제 오늘 저녁에 외출하기(목표)로 결정한 부부를 한번 관찰해 보지. 남자는 영화관에 가기를 원하고, 여자는 연극을 보러 가기를 원한다. 이것은 완전히 상반되는 관심사의 경우에 해당되는가? 절대 아니다! 여기서 이 부부가 결혼한 지 오래되지 않았다고 가정하자. 그래서 둘 다 어떤 경우에도 함께 즐기려고 한다고 생각해 보자.

객관적으로 보아 혼합된 경쟁 대 협동상황의 경우이다. 우리의 예에서는 4개의 대안적 행동이 가능하다. 여기서 결정적인 것은 이 파트너들의 대안들이 각기 서로 차이 나는 평가를 얻는다는 점이다. 두 파트너를 위해 이 '평가치의 높이를 즐거움의 단위로 표현하는 것'이 가능하다면 다음과 같은 결정의 표에 그 단위를 표시할 수 있을 것이다.

대안들	남성	여성
둘 다 영화관에 간다.	5	3
둘 다 연극을 보러 간다.	3	5
남자는 영화관에 간다, 여자는 연극을 보러 간다.	1	1
여자는 영화관에 간다, 남자는 연극을 보러 간다.	0	0

이 대안들은 또한 4개의 항을 가진 분류 체계에 재구성될 수 있다.

이 제시의 형태를 '결정 매트릭스'라고 부른다. 이것은 둘 또는 더 많은 사람이 서로 상반되는 관심사를 가지고 특정한 결정에 관여하고 있을 때 결과를 분명하게 보여 주는 데 적절하다. 더욱이 여기에 이러한 결정의 문제에 대한 가장 좋은 해결책을 측정하기 위해서 수학적 방식이 개발되었다.

수학적인 '게임이론'이 이러한 방법을 연구한다. 우리가 다루는 이 문제는 전문 문헌에서 '성의 전쟁'이라는 이름으로 알려져 있다.

우리는 제시된 매트릭스를 통해 곧바로 중요한 결론을 도출할 수 있다. 2명의 파트너가 가장 높은 단위의 '즐김'에 도달하면서 그들의 의지를 관철시키고자 한다면(남자: 영화관=5점, 여자: 극장=5점) 이 두 사람은 재빨리 협력의 필요성을 통찰하게 될 것이다. 만약 협조하지 않으면 그들은 서로 따로따로 나가야만 하기 때문에 가장 낮은 단위인 1점만을 결과로서 얻는 것이다.

> 상반된 관심은 수학적 방법을 통해서 해결할 수 있다!

우리는 한 중요한 통찰을 다음과 같이 작성된 예에서 얻을 수 있다.

우리는 우리의 결정결과에 관련해서만, 다른 사람의 행동방식에 의존하는 것은 아니다. 오히려 (항상 그래야만 하는데!) 결정하기 전에 이미 다른 사람의 가능한 모든 행동방식을 우리의 판단에 함께 고려해야만 한다.

재미로 한번 재빨리 다음과 같은 것을 생각해 보라. 만약 당신이 백화점의 바겐세일 혼잡함 속에서 같이 간 파트너와 떨어졌을 경우, 이때 몇 층에서 파트너를 기다려야 하는지 결정해야 한다면 어떻게 할 것인가?

　이런 생각에서 우리는 다음과 같은 한 가지 사실을 확인하고자 한다.

　　모든 사람에게 똑같이 최상적인 결정이란 거의 없다.

　우리 모두 한 배에 탔을지라도, 잊지 말아야 할 것은 사실 누구나 각자 항해의 방향을 결정하고 싶어 한다는 것이다.

　곧, 무엇보다 과도하게 '조화'와 '공동체'를 맹세하는 사람은 아마도 우리의 세계는 갈등의 세계라는 것, 그래서 성과와 합의를 위해서 대부분 거래를 해야 한다는 사실("내게 뭔가를 줘 봐, 그럼 나도 네게 줄게.")을 은폐하려는 것이리라.

죄수의 딜레마

이제 우리의 이론적 구상을 다음과 같은 게임에서 검증해 보자. 이 게임은 결정 상황에 있는 한 집단이 다른 집단과 경쟁하게 될 때 어떻게 행동하는지, 그리고 어떻게 결정하는지를 관찰하는 일이다.

기대하는 것과 완전히 다른 결과가 나오는 모험을 하지 않으려면, 각 집단이 결정에 도달하기 위해 사전에 경쟁 집단의 가능한 모든 행동을 관찰해야만 한다는 것을 보게 될 것이다. 아마도 이 게임에서 경쟁 상황 속의 모든 종류의 행동에 대해서 알게 될 것이다!

게임　먼저 가능한 대로 크기가 서로 동일한 두 집단을 만들어 보라. 각 집단은 같은 상황에 놓여 있다.

게임 상황

여러분은 다른 집단의 집단원들과 함께 외국의 독재자를 무너트리기 위해 외국에서 혁명을 계획했다. 여러분 모두는 독재자의 비밀경찰에게 발견되었고 결국 체포되었다. 경찰은 여러분을 두 팀으로 나누어 각각 별도의 방에 감금했고 이제 여러분은 서로 연락을 취할 가능성이 거의 없다. 그러나 독재자는 원래 여러분을 재판에 넘기기 위한 어떤 확실한 증거도 없다. 그는 세계의 언론을 두려워하기 때문에 오직 정식 재판 과정을 통해서만 여러분에게 판결을 내릴 수 있다.

만약 자백하지 않는다면 여러분의 두 집단은 불법 무기 소지죄에 대한 처벌로 최소한의 형을 집행받게 될 것이다. 그러나 독재자는 깜짝 놀랄 만한 선례를 만들어 내고자 한다. 그래서 두 투옥인 집단에 접근해서 다음과 같은 제안을 한다.

투옥인 집단에게 가장 이상적인 경우는 아마도 그들이 자백을 하는 일일 것이다. 그러면 검사는 여러분을 곧바로 공법증인으로서 석방할 것이다. 체포된 다른 집단은 혐의가 입증되는 것이고 그래서 10년형을 선고받는 것이 예상된다. 두 집단이 다 자백을 한다면 기소인은 '관대처분'을 내릴 것이다. 이 경우에 혁명가들은 6년형을 계산해야 할 것이다. 체포된 모두가 자백하지 않는다 해도 물론 검사는 여러분을 불법 무기 소지의 이유로 2년의 감옥형을 구형할 것이다.

자백을 할 것인가? 말 것인가? 그것이 바로 지금의 문제이다!

우리 집단(우집)

		자백	침묵
다른 집단(다집)	자백	우집: 6년 다집: 6년	우집: 10년 다집: 0년
	침묵	우집: 0년 다집: 10년	우집: 2년 다집: 2년

당연히 좋은 해결책을 찾기는 쉽지 않다! 자백을 할 것인가? 말 것인가? 그것이 바로 지금의 문제이다! 왜냐하면 집단의 그 누구도 다른 집단이 어떻게 할지 모른다. 자백을 할 경우 그리고 다른 혁

명가 집단도 똑같이 할 경우 희망한 석방 대신 6년형을 받을 것이다. 침묵을 한다면 그리고 집단의 모두가 동일하게 할 것이라고 믿는다면, 이때 남게 되는 걱정스러운 질문은 불법 무기 소지로 2년형을 받을 것인지, 아니면 10년형을 받을 것인지에 관계한다. 다른 집단이 공법중인의 역할로 증언을 하여 석방을 얻는 일에 저항할 수 없다면 10년형을 받게 되기 때문이다. 투옥인들은 오랫동안 이 결정 매트릭스를 두고 앉아서 고민하고, 상의할 것이다.

투옥인 집단의 결정 딜레마를 위해서는 어떤 분명한 해결책도 없다.

이런 상황에 놓인 집단에서 결정 과정은 어떻게 진행되는가?
그리고 그 결정의 품질은 결정 과정의 형태로부터 얼마나 좌우되는가?
그러면 그것을 직접 시험해 보라!

게임 규칙

두 '투옥집단'은 침묵할 것인지 자백할 것인지 서로 독립적으로 결정해야만 한다. 92쪽에 있는 우리의 매트릭스를 바탕으로 각 집단의 결과를 읽어 낼 수 있다. 또한 게임의 결말에 판정받게 되는 감옥형 연수만큼의 숫자에 해당되는 사례금을 주고 석방될 수 있다는 것을 상상한다면 더 흥미로울 것이다(독재자들은 잘 알려진 것처럼 항상 돈에 탐욕적이지 않은가!).
게임은 총 30라운드가 진행된다. 석방되기 위해서 가장 적은 사례금을 지불하게 되는 집단이 승리하게 된다.

게임 1~10번째 라운드

두 집단의 각 구성원들은 집단의 다른 구성원들과 상의 없이 개별적 결정을 한다. 매 게임 라운드 후에 게임리더는 메모지를 걷어서 두 집단 각각의 다수결 원칙에 의한 결정 사항을 확인하고 집단에 알린다. 두 집단은, 곧 한 라운드 이후마다 자기 집단이 몇 년형을 받았는지 그리고 경쟁집단은 몇 년형에 처했는지 매트릭스에서 읽어 낼 수 있다.

게임 11~20번째 라운드

10바퀴가 돈 이후에는 게임은 약간 변경된다. 각 집단은 이제 그들이 침묵할 것인지 자백할 것인지에 대해 공동으로 결정을 내려야만 한다. 게임리더는 매번 결과를 앞에 기술된 것처럼 알려 준다.

게임 21~30번째 라운드

21번째, 27번째, 30번째 라운드 전에 두 집단은 각 1명의 중개인을 선발한다. 이 중개인은 각 라운드 전에 서로 연락을 할 수 있다. 이 라운드 이외의 다른 라운드에서는 11~20번째 라운드와 동일하게 진행된다. 30번째 라운드 이후에 각 집단을 위해서 획득된 연수가 합산되고 승자가 가려지게 된다. 게임이 진행되는 동안 다음과 같은 것을 관찰할 수 있을 것이다(그리고 이어서 논의한다).

- 어떻게 특정한 결정구조(개인별 결정, 집단별 결정, 중개인)가 결정 자체에 영향을 미쳤는가
- 특정 이득의 전망이 어떻게 결정에 영향을 미쳤는가
- 자신의 결정이 다른 사람의 결정에 대한 추정으로부터 어떻게 영향을 받았는가
- 공동 작업에 대한 강박으로 경쟁 상황이 어떻게 영향을 받았는가
- 집단이 대표를 결정해야 할 경우 어떤 문제가 발생하는가

나쁜 습관

당신은 이제 탁월히 좋은 또는 나쁜 의사소통의 행동을 알고 있
다. 물론 안다고 해서 우행을 방지할 수는 없다! 이제 잠깐 사고를
중지하고 이 실습을 통해 학습한 것을 얼마나 성공적으로 활용할
수 있는지 검증해 보라!

의사소통 유형을 시험해 보시오!

이것은 성격검사에서 하듯이 수행할 수 있다.

검사 집이나 일터에서 다른 사람과 함께 행동하는 중에 다음에
제시되는 잘못들 중 어떤 것을 하게 되는가?

모든 질문에 0에서 4점까지의 점수를 준다(0=전혀, 1=드물게, 2=
때때로, 3=자주, 4=매우 자주). 이어서 점검을 위해 친구나 지인(또는
동료나 배우자)에게 당신에 대해 평가해 보게 한다!

[여기서 제시된 실수에 대해서 보다 상세한 내용은『R. Moore의 이웃
을 접촉하는 방법(Die Tuer zum Mitmenschen)』을 참조할 것]

	0	1	2	3	4
당신은 일반적으로 자신의 경험과 생각에 대해서 이야기하는가?	□	□	□	□	□
다른 사람이 당신의 생각과 같지 않을 경우 참지 못하거나 화가 나는가?	□	□	□	□	□
다른 사람이 말하는 것을 중단시키고 당신이 관심 있는 주제로 대화를 바꾸는가?	□	□	□	□	□
곧잘 비꼬는 편인가?	□	□	□	□	□
다른 사람의 생각이나 의상, 친구들에 대해 곧잘 놀리는 편인가?	□	□	□	□	□
무엇이든 가족을 위해 한 일에 대해 스스로 자랑하는 편인가?	□	□	□	□	□
다른 사람이 당신에게 얘기하는 동안에 책을 보거나 사라지기도 하는가?	□	□	□	□	□
견해 차이를 말하는 대신 싸움을 하는가?	□	□	□	□	□
다른 사람 앞에서 당신 가족 누군가에게 잘못을 질책하는가?	□	□	□	□	□
화가 났을 경우에 큰 소리로 말하거나 다른 사람에게 소리를 지르게 되는가?	□	□	□	□	□
당신 가족의 구성원들을 창피하게 만드는가?	□	□	□	□	□
가족 부양비를 온전히 혼자서 감당하려 하는가?	□	□	□	□	□
당신이 감당하는 가족 부양에 대해서 사람들에게 이야기하는가?	□	□	□	□	□
가족 중 누군가의 동기를 믿지 않음을 드러내는 편인가?	□	□	□	□	□
아이들에게 부탁을 하는 대신에 명령을 하는가?	□	□	□	□	□

	0	1	2	3	4
아이들을 위해서 결정하면서 당신의 주장을 고집하는가?	☐	☐	☐	☐	☐
대화 과정에서 다른 사람들이 말할 때 매우 참을성 없이 듣는가?	☐	☐	☐	☐	☐
다른 사람이 당신에게 무언가를 변경하도록 요구할 때 마음이 상했음을 드러내는가?	☐	☐	☐	☐	☐
다른 사람에게 당신의 생각을 강요하려 하는가?	☐	☐	☐	☐	☐
다른 사람이나 그들의 일에 대해서 경멸적인 지적을 하는가?	☐	☐	☐	☐	☐
다른 사람이 있는 데서 누군가를 비난하는가?	☐	☐	☐	☐	☐
당신이 원하는 방식대로 무언가를 하기 위해서 권리를 주장하는가?	☐	☐	☐	☐	☐
당신은 다른 사람의 계획을 습관적으로 간과한다는 생각이 드는가?	☐	☐	☐	☐	☐
때때로 '불쾌'한가?	☐	☐	☐	☐	☐
나중에 지키지 않을 무언가를 쉽게 약속하는가?	☐	☐	☐	☐	☐
당신의 일과 관련하여 새로운 아이디어에 별 관심이 없어 하는 행동을 곧잘 하는가?	☐	☐	☐	☐	☐
누군가 건설적인 비판을 할 경우 기분이 나빠지거나 항의하는가?	☐	☐	☐	☐	☐
비즈니스 파트너에게 당신의 생각을 강요하는가?	☐	☐	☐	☐	☐

토론할 수 있는가

그(남편): 여보. 내게 새 자동차가 꼭 필요해. 지금 자동차는 한마디로 말해서 더 이상 안 돼. 특히……

그녀(아내): 새 자동차라고요? 당신은 내가 지금 2년째 낡은 겨울코트를 입고 돌아다니는 것을 한번 생각이나 해 봤어요?! 그리고 지금 사람들은 집에 현대식 주방용품을 가지고 있는데 나는 그런 것이 없어서 오전 내내 부엌에 서서 시간을 보내는 것을 알고나 있어요? …… 말 나온 김에 내가 시내에서 아주 싼 식기세척기를 봤거든요. 어때요? 우리가 한번 가 보면…….

그(남편): 아. 내가 생각하는 것은 진열 상품 자동차야. 자동차 판매원이 지금 내 차를 팔면 1500유로를 준다는 거야. 그렇게 되면…….

당신은 이것의 다음 대화 진행을 생각해 볼 수 있을 것이다. 여기서 무엇이 잘못되었는가? 그는 가능한 한 아내의 신경을 건드리지 않으면서 새 자동차를 주문하고 싶다는 것을 어떻게 전달할까? 그는 그녀의 말을 듣기보다는 그녀가 말을 중단하기를, 그리고 이미 불이 붙은 그의 생각을 계속 진행할 수 있는 시점을 기다린다. 그녀는 아직 그의 생각에 들어가는 것을 시도조차 하지 않았다. 왜냐하면 그녀에게는 '어차피 논할 필요도 없는' 내용이기 때문이다. 그녀는 이제 속사전술을 사용해서 그녀에게 훨씬 더 중요한 관심사를 관철시키고자 한다. 이렇게 모두가 제각기 딴소리를 하고 있다.

이것 때문에 이제 사나운 싸움이 시작된다. 이런 대화 형태로는 두 사람 측의 관심사는 절대 제대로 전개될 수 없는 그런 싸움이다.

한번 비판적으로 관찰해 보라. 당신 또는 당신 주변의 사람들이 얼마나 자주 이런 형태의 대화를 전개해 나가는지. 모두가 자신의 입장을 놓치지 않으려고 애를 쓰면서, 다른 사람의 말을 조용히 한 번 경청해 보는 시간은 전혀 가지려 하지 않는, 그래서 다른 사람의 논리는 절대 제대로 이해할 수 없는 그런 대화 말이다. 이렇게 시급한 의사소통의 치료로는 다음과 같은 연습이 적당하다.

연습 A와 B는 어떤 특정한 주제에 대해서 토론하고 있다(그런데 이것은 서로 상반된 주장을 인정해야만 하는 주장이다).

- A가 먼저 토론을 시작한다. 그리고 B는 응답하기 전에 A가 말했던 것을 의미에 맞게 반복해야만 한다.
- A가 B가 반복한 내용을 맞다고 동의해 주면 B는 이제 토론을 계속해도 된다. 그리고 A도 이어서 같은 방식으로 반복해서 요약해야 한다.
- A가 만약 B가 반복한 내용이 맞다고 동의하지 않는다면 B는 자기 말을 말하기 전에 계속해서 A가 말한 것을(의미에 맞게) 반복해야 한다.
- A가 또다시 요약해서 들은 내용에 동의하지 않는다면 A는 그 스스로 다시 요약을 보완해 주어야 한다(101쪽 구조를 보라).

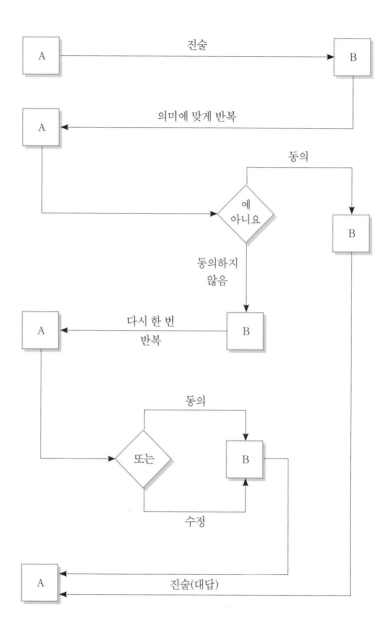

이 연습은 관찰자가 함께 있는 것이 좋다. 그래서 관찰자가 대화 규칙이 지켜지고, A와 B가 토론에 대해서 어떤 태도를 갖는지 주의 깊게 살펴보는 것이 좋을 것이다. 전체적으로 세 번 정도 연습해 보라. 여기서 A가 먼저 시작하고 이때 B는 관찰자의 역할을 맡을 수도 있다.

예

그(남편): 여보, 나 새 자동차가 꼭 필요해. 지금 자동차는 한마디로 말해서 더 이상 탈 수가 없어.

그녀(아내): 그러니까 당신 얘기는 우리 자동차가 더 이상 잘 나가지 않으니까 새 자동차가 필요하다는 말이죠?

그(남편): 맞아. 그거야.

그녀(아내): 그런데 당신은 내가 2년 동안 낡은 겨울코트를 입고 있고 아주 급하게 몇 개의 주방도구가 필요하다는 걸 생각해 봤어?

그(남편): 당신 말은 지금 겨울코트와 주방도구를 사는 게 더 좋겠다는 말이지?

그녀(아내): 그래. 나는 그랬으면 좋겠어.

그(남편): ……

이 연습은 처음에는 진부하게 보일 수도 있다. 그러나 이것은 대화 상대 사이에서 서로를 이해하는 기본토대이다!

당신에게 파트너의 대화내용을 반복하라는 요구는 아마도 실제적으로 사용하기에는 너무 형식적으로 보일 수 있다. 그러나 최소한 머릿속에서는 시도해 보라! 이것은 대화 상대가 더 경청하도록 요구하는 것이다.

그리고 이와 함께 당신은 아주 중요한 토론의 파트너가 되는 것이다. 아니면 토론의 적이 되든지!

그 밖에 이 연습에서 중요한 것은 단순히 대화를 내용적으로 반복하는 것이 아니라 당신의 상대가 생각하고 있는 것을 반복하라는 것이다. 만약 당신의 상대 역시 내용적으로만 반복한다면 대화는 그저 빙빙 돌 뿐이다. 이와 달리 당신의 상대가 무엇을 생각하고 있는지 말하도록 시도해 보아야 한다. 우리의 예로 돌아가 살펴보자.

'그'가 말한다. "나는 새 자동차가 정말 필요해!……" 다음에 그녀가 단순히 반복한다. "당신이 새 자동차가 필요하다고?" 이렇게 말하는 대신, 예를 들어서 "당신 생각에 지금의 자동차가 품위를 지키는 데 충분하지 않다는 것이지요? 그래서 고객에게 좋은 모습을 보여 주지 못하니까 새 자동차가 필요하다는 말이지요?"

'그'는 여기에 대해서 아마도 "아니야. 내 말은 그게 아니고 내가 최근에 수리비로 너무 많은 돈을 지불해서 새 자동차를 사는 게 더 경제적일 수 있다는 거야."

당신은 이제 그가 말했던 것을 이해하기 위해 노력해야 할 것이다(이렇게 의미에 맞는 반복의 기술은 자동적으로 대화에서 보다 더 정확한 사고를 요구하는 것이고 그렇기 때문에 이를 '의역'이라고 한다).

우리 그리고 타인들

나쁜 사람들이란 항상 다른 사람들이다! 우리는 당연히 좋은 사람이다. 이것이 맞기 때문에 우리는 양심의 가책 없이 이웃의 모래성을 망가뜨려도 되고 다른 마을에서 온 아이들을 때려도 되며 다른 나라를 정복해도 된다. 전쟁을 통해서가 아니면 문화의 은총을 통해서이다. "우리 한국 사람은(역자 주: 원저에는 "우리 독일인은")……." "우리는 테니스 회원으로서……." 이렇게 마법적인 단어 '우리'는 소속감의 신호이며 이와 함께 안전의 확실한 의미이기도 하다. '거기에 속해 있는 것(소속감)'은 모든 사람의 기본욕구로 보인다. 그래서 추방이 고대의 가장 무서운 형벌이었다는 것은 우연이 아니다.

도처에서 우리는 새로 구성된 집단이 다른 집단과 구분되는 특정한 행동방식과 규율(기사도 등)을 매우 빨리 만들어 내는 것을 관찰할 수 있다. 소속감에는 또한 낯설거나 아니면 더욱이 '이상하게' 느껴지는 다른 사람들로부터의 자기 분리(거리 두기)가 포함된다.

한 학교 학급에서 옆 반 아이들이 진짜 얼마나 웃기고 바보스러운지 모르겠다고 말한다면 이러한 확신은 사실 절대 다른 반 아이들을 대적해서 하는 이야기가 아니다. 이것은 단지 우리-집단의 연대를 표시하는 것이다. "우리는 서로 속한다!" 학급은, 예를 들어 특정 비밀 언어를 발

> 소속감의 정서에는 다른 사람에 대한 거리감도 또한 포함된다.

달시키고 이것으로 그들끼리만 서로 이해할 수 있다. 기사 임명식은 소년들에게 축복스런 기사계급의 수용을 나타내는 것이며, 선원들은 수중세례의 거친 풍습을 통해서, 기업의 매니저들은 사무실의 진품 양탄자나 또는 특정 자동차를 소유함으로써 그들에게 동일한 집단에 속한다는 일종의 안전감을 제공한다.

이러한 '우리'라는 상징과 기사도는 우리의 가족으로부터 시작해서 단체를 거쳐 전 민족에 걸쳐 찾을 수 있다. 그러나 여기에서 의미하는 것은 단체의 깃발을 통해서 혹은 영국에서는 공손한 것으로 통용되는 날씨에 대해 이야기하는 등의 현상 정도와만 관련된 것은 아니다. 모든 우리의 신념이나 가치관 및 행동 규정 또한 사회적 성분을 갖고 있고 그것들이 바로 호프슈테터(P. Hofstatter)가 의미한—대부분 무의식적인—규정에 대한 '집단 성취'이다.

> 나쁜 사람들이란 항상 다른 사람들이다!

장례식에서 춤을 추거나 노래를 부르는 것 '이런 것은 우리에게는 맞지 않는다', 부부의 신뢰는 '자연스러운 풍

속적 기본 질서'에 속한다. 이렇게 1958년 연방법원이 정의했다. 벌써 오래전에 문화 간 비교가 우리에게 보여 준 것은 상이한 나라들에 상이한 풍속만이 있는 것이 아니라 서로 다른 매우 상이한 생각들, 예를 들어 단일 혼인제에 대한 문제들이나 또는 재산에 관한 것 등도 존재한다는 점이다.

우리는 당연히 이제 눈썹을 치켜세우며 한껏 비웃을 수 있다. 자신의 직접적인 사회적 환경의 행동양식이 매우 일반적인 것이라고 간주하는, 그래서 오직 그것만이 옳은 것이라고 주장하는 경향이 있는 사람들을 말이다. 그러나 다른 한편으로는 그것은 필요불가결한 것이라고 올덴도르프(A. Oldendorff)가 다음과 같이 설명한다.

"우리는 관습적 행동 규칙을 실제로 교통질서와 비교할 수 있다. 우리 스스로에게 모든 것이 맡겨진다면, 오른쪽으로 또는 왼쪽으로 달릴 것인지, 다른 사람은 어떻게 다가올 것인지에 늘 몰두해서 그들은 내게 무엇을 기대하고 어떻게 반응하게 될 것인지 항상 질문하고 있어야만 한다. 그리고 그러면서 상상할 수 없을 만큼의 충돌(!)의 경우 수가 증가될 것이다."

그러나 우리가 여기서 잊지 말아야 할 것은 만약 더 이상 의미가 없다면 우리는 교통규칙을 변경할 수 있고 변경해야만 한다는 것이다.

할 수 있는 만큼 많이 얻으라

우리는 '우리'라는 정서에 대해서 한 학급에서 일어난 예를 가지고 이야기하였다. 그런데 이 학급 내에는 또한 계속해서 '우리'라는 집단(쪼개진 여러 집단)이 나타날 수 있다. 소위 우리가 잘 아는 '도당'이 형성되는 것이다. 이 단어는 부정적인 의미가 강하다. 왜 그런지는 이제 우리에게 분명하다. 이러한 도당은 더 큰 집단의 '우리-정서'에 민감한 충돌을 일으킨다. 다음에 나올 '빨갛든지 검든지' 게임이 얼마나 빨리 어느 정도 큰 집단이 여럿으로 쪼개질 수 있는지(그러나 항상 그런 것은 아니다!) 보여 줄 것이다. 그것은 그 집단에서 몇 명이 외관상 명백히 동일한 관심사를 쫓고 있다는 것을 발견하게 될 경우 그렇다.

다음 게임에서 당신과 다른 사람들이 얼마나 빨리 특정한 조건 아래에서 '우리' 정서를 생성하거나 포기할 수 있는지 한번 시험해 보자.

게임   게임을 위해서는 4개의 집단(가능하면 커플 또는 짝을 이룬 쌍)이 필요하다. 모든 게임 참여자들은 서로 토론할 수 있도록 자리를 배치해야 한다. 그러나 각 집단(개별 쌍)이 다른 사람은 들을 수 없는 상태에서 게임 전략을 만들어 갈 수 있도록 충분히 서로 떨어져 앉아야 한다. 서로 짝을 이룰 수 있는 8명의 숫자가 가장 최적이다. 각 게임 참여자들은 이제 계산양식(111쪽 참조)을 받는다. 그리고 3분 동안 게임 규칙(110쪽 참조)을 읽는다.

게임리더를 위한 설명

- 각 네 쌍(집단)은 게임을 시작할 때 25점의 게임 점수(게임칩 또는 유사한 것)를 건네받는다. 이때 게임리더는 게임의 승팀에게 줄 100점의 게임 점수를 소지한다. 각 쌍은 게임 베팅으로 50점에 해당하는 판돈(예를 들어, 1점당 5센트)을 '은행'에 지불한다.

- 게임과제: 각 쌍은 매 게임 라운드에서 빨강과 검정 둘 중 하나의 색채를 결정해야만 한다. 각 쌍이 결정을 한 이후 이들은 게임 설명에 써 있는 보상계획표에 따른 특정한 게임 점수를 얻는다(혹은 잃는다).

- 게임 쌍들은 결정을 하는 동안에 분명한 허가가 있기 전에는 다른 쌍들과 의사소통을 해서는 안 된다.

- 각 게임 쌍은 모든 게임 라운드에서 매번 새롭게 빨간색과 검은색 중 무엇을 선택할 것인지 결정해야 한다(게임 설명 참조). 개별 게임 쌍들이 한 결정은 게임리더가 요청했을 때 비로소 처음으로 공개되어야 한다.

- 게임은 10개의 라운드로 구성된다. 매 라운드 후에 게임리더는 각 게임 쌍들이 결정한 답을 받게 된다. 게임 쌍들은 계산양식에 자신들의 점수를 기입하고 그에 해당하는 수의 게임칩을 세임 리너에게서 받거나 또는 실점에 해당되는 수만큼의 게임칩을 리더에게 반환해야 한다.

- 각 게임 라운드에서 게임 쌍들은 다른 게임 쌍과는 상의하는 일 없이 1분 안에 결정을 내려야만 한다.

- 3개의 특별 라운드가 있다(111쪽 계산양식 참조). 5, 8, 10라운

드에서는 결정을 하기 전에 전 게임 집단은 3분 동안 공동으로 토론하는 것이 가능하다. 이 토론 이후에는 각 쌍들은 다시 종전처럼 개별적으로 결정을 내려야만 한다.

• 다섯 번째 특별 라운드에서는 모든 게임 쌍들의 승점과 실점이 3배가, 여덟 번째 라운드에서는 5배가 되며 열 번째 라운드에서는 10배가 된다.

• 게임의 끝에 게임 쌍들은 게임리더로부터 그들의 게임칩 값에 해당하는 만큼의 금액을 환산해 받는다. 은행에 남은 금액이 존재한다면 그것은 게임리더의 몫이다.

게임 설명

당신과 당신의 파트너는 모든 게임 라운드에서 게임리더의 지시에 따라서 '빨강'과 '검정' 중에서 한 색깔만 선택해야 한다. 당신은 선택마다 승점 또는 실점(게임 점수)을 얻는다. 승점 또는 실점의 정도는 당신의 결정만이 좌우하는 것은 아니다. 다음의 승패 계획이 보여 주는 것처럼 다른 세 팀의 색깔 선택에 의해서도 역시 달라진다.

각 게임 라운드별 승패 가능성

4×검은색	각 쌍에 1점 실점
3×검은색 1×빨간색	검은색 선택 쌍에 1점 승점 빨간색 선택 쌍에 3점 실점
2×검은색 2×빨간색	검은색 선택 쌍에 2점 승점 빨간색 선택 쌍에 2점 실점
1×검은색 3×빨간색	검은색 선택 쌍에 3점 승점 빨간색 선택 쌍에 1점 실점
4×빨간색	각 쌍에 1점 승점

계산양식

라운드	시간	토의	결정	점수(+/−)	합계
1	1분	파트너 간			
2	1분	파트너 간			
3	1분	파트너 간			
4	1분	파트너 간			
특별 라운드 5	3분	전체 집단		……×3!	
	1분	파트너 간			
6	1분	파트너 간			
7	1분	파트너 간			
특별 라운드 8	3분	전체 집단		……×5!	
	1분	파트너 간			
9	1분	파트너 간			
특별 라운드 10	3분	전체 집단		……×10!	
	1분	파트너 간			

당신들의 총점:

라운드마다 파트너와 함께 **공동**의 결정을 내려라.

게임의 목적은 당신이 할 수 있을 만큼 최대한 이기는 것이다!

부록(287쪽)에는 게임의 평가와 역동을 위한 안내가 있다.

당신이 게임 지도자가 아닌 게임 참여자라면 먼저 게임을 실행한 다음, 그 이후에 부록을 읽으라.

집단의 신뢰 지표

"할 수 있을 만큼 많이 얻으라!" 게임에서 게임 참여자는 자신의 이익을 더 많이 생각했을까? 아니면 집단의 이익을 더 많이 생각했을까? 어떤 요인이 일반적으로 집단의 응집력에 영향을 미치는가?

작업집단의 두 가지 차원이 '우리-정서'의 발달을 결정한다. 그 것은 일치로의 사무적 차원과 신뢰의 정서적 차원이다. 이 두 가지 차원이 무조건 서로 중복되는 것은 아니다. 예를 들어서 우리는 친구가 같은 생각을 갖고 있지 않더라도 신뢰할 수 있다. 일치와 신뢰의 발달에 따라 집단을 진단할 때 다음과 같은 발달의 과정이 확인된다.

1. 갈등 단계
상호 불신, 집단의 목적과 작업방법에 대한 매우 적은 일치감 우리-정서의 부재

2. 적응 단계
개인적인 신뢰는 거의 없음 그러나 사무적인 입장에서 서로 일치함 우리-정서가 시작됨

3. 불일치 단계
개인적 차원의 신뢰가 성장하고 있음 그러나 아직 사무적 차원의 일치감은 없음 성장하는 우리-정서

4. 일치 단계
구성원들 간의 높은 신뢰도와 공동의 집단관심이 나타남 강한 우리-정서

갈등에서 일치로 가는 경로에서 적응과 불일치의 단계는 계속해서 서로 뒤바뀌게 된다. 입장의 수용 또는 상호 구별, 이 2개의 극단 사이에서 점차적으로 집단의 우리-정서가 발달한다.

아마도 당신은 불일치 과정의 집단이 적응 과정의 집단보다도 더 큰 우리-정서를 가질 수 있다는 것을 인정하지 않을 것이다. 그러나 당신 자신의 대화 경험을 생각해 보라. 낯선 사람들보다는 대부분 좋은 친구들 사이에서 서로 상대방에게 상반되는 의견을 공개적으로 표현하는 게 더 쉽다. 여기서는 일반적으로 단어를 훨씬 덜 조심해서 선택한다. 즉, 격렬한 의견의 상호충돌은 불신보다는 신뢰의 표시일 수 있다. 이것이 바로 "여기서는 나를 있는 그대로 보여 줄 수 있어." 라는 정서의 표시이다.

이제 당신이 한번 지금 바로 작업해야 하는 당신의 중요한 집단을 위해서 이런 정서가 얼마만큼 유용한지 실험해 보라!

검사 116쪽과 117쪽에는 12개의 진술이 있다. 첫 번째 장의 진술들은 집단에 해당하고 두 번째 장의 진술들은 각 집단 구성원에 관한 것이다. 각각의 진술을 한 작은 카드에 적으라. 이렇게 되면 2개의 진단도구를 갖게 된다. 이제 앞에서 기술했던 4개의 과정 중에 집단과 집단의 구성원인 당신이 어디에 위치하는지를 확인할 수 있을 것이다.

당신이 생각하기에 이 2개의 카드 세트(세트별 각각) 중 집단에 가장 잘 해당된다고 보는 진술이 카드 1번이 되도록 정리하라. 그리고 가장 적게 해당되는 진술은 12번의 카드가 되는 것이다. 이어서 처음 4개의 카드 네모 칸에 쓰여진 숫자를 합하여 계산하라.

'신뢰 지표'에 합계를 적어 넣으라.

이제 당신이 당신 집단의 '우리' 정서의 지표에서 낙오되어 있는지 아니면 앞서 있는지를 확인해 보라.

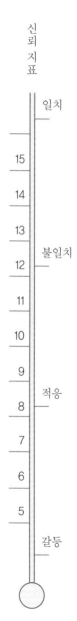

신뢰 지표

일치

15

14

13　불일치

12

11

10

9

8　적응

7

6

5

갈등

나는 집단에서 다음과 같은 것을 관찰했다.

	온정과 친절함이 있었다.	4
	파괴적이고 공격적인 행동들이 있었다.	1
	집단 구성원들은 흥미가 없어 했고 참여하지 않았다.	2
	집단 구성원들은 경쟁적이었고 주도권을 가지려 시도했다.	3
	우리는 서로를 매우 잘 이해하였다.	4
	우리는 조력자가 필요하다고 느꼈다.	3
	우리 대화의 대부분은 부적절하였다.	1
	우리는 완전히 과제에 주목하였다(과제 중심적).	4
	구성원들은 서로 매우 격식을 갖췄다.	2
	구성원들은 기본적으로 서로 크게 화가 나 있었다.	1
	우리는 방법의 문제를 가지고 작업하였다.	2
	우리는 사무적인 견해 차이를 토론하였다.	3

나는 나 스스로에게서 다음과 같은 것을 관찰했다.

몇몇 사람들에게 나는 친절하고 따뜻하게 대하였다.
4

나는 거의 관여하지 않았다.
2

나는 작업에 매우 집중하였다.
3

나는 여러 사람으로부터 공격을 받았다.
1

나는 주도권을 쥐었다.
3

나는 모든 참여자에게 공손하였다.
2

나의 제안들은 종종 엉뚱하였다.
1

나는 들러리와 같았다.
2

나는 집단의 제안들을 수용할 수 있었다.
4

나는 성이 났었다.
1

나는 활발하였고 공격적이었다.
3

나는 모든 사람으로부터 이해를 받았다.
4

늦게 오는 사람은 부당한 사람이다

콜레(O. Kolle)는 "인간과 집단"이라는 장에서 개업의의 대기실 상황에 대해서 적고 있다. 허공을 응시하고 있는 것에 또는 잡지를 넘기고 있는 것에 빠져 있었던 환자들 사이에서 점차 대화가 시작된다. 그런데 갑자기 새 환자가 그 공간 안으로 들어온다. 그는 인사를 하지 않는다. 그는 옆에 조금 떨어져서 앉는다. 그리고 그가 대기실 도우미로부터 진료실로 먼저 호명을 받게 되면 대기자들 사이에서 파동이 인다. 사람들은 기분이 좋지 않다. "두툼한 지갑을 갖고 있는 비싼 사보험 환자(역주: 고소득 국민의 비싼 선택형 민간의료보험. 공적보험보다 의료혜택이 많음.)군." 이렇게 되면 **사람들 군집**은 갑자기 연대감을 느끼게 된다. 그리고 이렇게 해서 **집단**이 형성된다.

우리 모두는 우리가 주시하게 되는 이러한 벽을 알고 있다. 우리가 신입으로서 새 조직에 들어설 때, 한참 진행된 파티에 손님으로 등장할 때, 관공서의 대기 의자에 자리를 찾을 때 등등. 이렇게 비판적 시각으로 검열하는 사람들로부터 우리

새로운 집단의 문제: 우리– 정서를 형성하는 것

는 비록 딱히 구별되는 게 없더라도, "늦게 오는 사람은 일단 이방인이다!"

어디에 이유가 있을까?

새롭게 형성되는 모든 집단은 연대감을 발달시키기 위해서 먼저 네 가지 문제를 해결해야 한다. 그것은 **정체성, 욕구, 권력** 그리고 **친**

밀감의 문제이다.

다른 말로, 모든 집단 구성원은 먼저 확인하려 할 것이다.

- 이 집단에서 나는 어떻게 행동해야만 하는가? 그리고 어떤 사람으로 인정될 것인가?(정체성 문제)
- 이 집단은 어떤 목적을 갖고 있는가? 그리고 이 목적이 얼마나 내 개인의 욕구를 충족시킬 수 있는가?(욕구의 문제)
- 누가 이 집단에서 지도적 역할을 하고자 하는가? 그리고 나 스스로는 내 욕구 측면에서 어떻게 이 집단에 영향을 미칠 수 있는가?(권력의 문제)
- 이 집단의 구성원들은 얼마나 서로에게 개방적인가? 그리고 나는 내 자신과 나의 소망에 대해서 얼마만큼 노출시킬 수 있는가?(친밀감의 문제)

어느 정도 시간이 흐른 뒤에 스스로 '더 이상 낯설지 않는' 것으로 느끼게 되면 이 과정은 종결된다. 그러나 이것은 많든 적든 사람이 다른 사람에게서 또는 자신으로부터 이 집단을 통해서 기대할 수 있는 그 무언가를 확인했다는 것과 같은 의미일 것이다. 한 '신입'은 자연히 진행되어 온 당연성을 방해하고 그와 함께 앞에서 기술된 과정들이 새롭게 모두 진행될 때까지 그리고 새롭게 집단 평형이 형성될 때까지 그 시간 동안 자신을 이방인으로 느끼게 될 것이다.

당연히 새 집단 구성원이 계속해서 이방인으로 남아 있는 일도 일어날 수 있다. 그래서 모든 인사부 팀장은 조직에서 해고가 일어나는 가장 많은 이유가 새 구성원의 적응문제에 원인이 있다는 것을 알고 있다. 그리고 새 신입을 통합하기 위해 상응하는 많은 노력을 기울인다.

연습 이 통합의 과정을 다음과 같은 방법으로 촉진할 수 있다. 지금 '이방인'으로서 문제에 직면해 있다면 말이다.

집단의 구조를 **평가하라.**
누가 구성원들이 추구하는 목적을 수행하는 권력의 위치를 차지하고 있는지 확인하라.

집단의 친밀감을 **평가하라.**
어느 정도의 공개 수준이 집단내부에서 서로 가능한지 확인하라. 대화가 단지 사무적인 것인지 아니면 개인적인 문제들도 함께 이야기되고 있는가?

신뢰도검사를 **실시하라.**
집단이 갈등이나 적응 또는 일치나 불일치 과정에 처해 있는가?

집단 내에서 당신 자신의 정체성을 **평가하라.**
집단 내에서 어떤 역할을 하고자 하는가?
나는 어떤 욕구를 관철시키고 싶은가?
나는 얼마만큼 나를 공개하고자 하는가? 그리고 다른 사람을 얼마만큼 알고자 하는가?

당신은 집단의 규준에 적응하기 위해 얼마만큼 당신의 정체성을 변화시키고 싶은지 **평가하라.**

당신이 이런 변화를 얼마만큼 표현할 수 있는지 **평가하라!**

누가 지도자인가

"브라우만 씨의 부인이 운전 강사하고 달아났다는데 혹시 이미
알고 있었나요?"

아마도 브라우만 씨의 아내는 그저 일주일 정도 여행 중에 있을
것이다. 그리고 그녀의 운전 강사는 덧붙이자면 매력적인 여자 친
구인 잉에와 열애 중에 있는데, 순전히 두 번 브라우만 씨 부인을
집으로 태우러 온 적이 있을 뿐이다.

어떻게, 왜 소문이 났는지 이것은 매우 흥미로운 일이다! 여기서
특히 관심을 가져야 할 일은 어떤 경로로 이 소문들이 퍼져 가느냐
이다. 그 과정이 최소한 소문의 발생만큼이나 의미 있다. 한 시간
뒤에 3층에 사는 집에서 이 소문을 안다. 하루 뒤에는 길가 코너의

우유가게 종업원이 소문을 계속 전달한다. 그러나 나이 든 별난 사람, 쉰밀시 씨는 브라우만 씨 집 문과 나란히 붙은 옆집에 살면서도 아직 아무것도 듣지 못했다!

우리가 여기서 알 수 있는 것은 정보는 동등하게 퍼지지 않는다는 것, 외려 특정한 통로를 통해 계속 전달된다는 것이다. 아파트에서, 단체 내에서, 공동체 조직에서, 기업에서 이러한 통로가 규칙적인 정보망을 만들어 낸다. 우리는 더욱이 이러한 망을 그림으로 그리는 시도를 할 수 있다. 그러면 사람들 집단의 정보망 구조 형태를 파악하게 된다. 이 망에서 쉰밀시 씨는 오직 가장자리의 한 자리만을 차지할 뿐이다. 반면, 우유가게의 종업원은 모든 정보가 그녀를 통해서 연결되는 정보망(아파트들) 구조 열의 매듭점이다. 그녀는 소위 말해 아침나절 장터 소문의 구심점 위치를 차지하고 있는 것이다!

우리는 또한 단체와 기업 조직에서 외형적으로 다른 사람보다 많이 알고 있는 듯한 사람들을 안다. 이들은 이런 사실을 기반으로 종종 원래 그들의 '지위'로는 절대 얻을 수 없는 명성과 영향력을 차지하고 있는 사람들이다. 이런 사람들은 집단의 '비공식적인 지도자'라고 기술된다.

비공식적 지도력과 공식적 지도력은 서로 자주 일치되지 않는다.

때때로 어떤 특정한 직원은 부서팀장보다 그의 동료로부터 더 신뢰를 받는다. 이런 관계는 비교적 상당히 늦게 사회학자에게 발견되었지만 부지불식중에 이미 오래전부터 고려되고 있는 사항이다.

예를 들어, 조직의 위계 구조나 학교의 수업 형태가 비공식적인 지도력과 공식적인 지도력을 가능한 한 일치시키려는 무의식적인 시도라고 볼 수 있다. 기업체의 전통적인 위계적 조직 모델에서는 부서의 모든 정보라인은 해당 상관에게 집중된다. 두 부서의 직원들이 업무상 서로 교류하고자 한다면 그것은 다만 각 해당 상관을 통해서만 가능하다. 상관들은 항상 필연적으로 조직의 정보망 중심에 위치한다.

옛날 방식의 학교에서도 또한 학생들은 어디까지나 교사라는 사람을 통해서 서로 교류하도록 되어 있다. 한 학생이 다른 학생을 지적하여 고쳐 주려면 그는 먼저 교사에게 이

지도력의 문제: 상호작용망을 구성하라!

사실을 알려야 한다. 즉, 그는 '신고'해야만 한다. 결과적으로 수업 시간 중 학생들 간의 직접적인 대화는 금지된다. 이러한 교사의 중심적 위치는 공식적인 지위를 더욱 강화시킨다.

전에 한 번이라도 왜 발표자가 청중 안이 아니라 그 앞에 서게 되는지 그리고 왜 회의 때 토론리더가 긴 테이블의 좁은 쪽, 혼자 앉는 자리를 차지하게 되는지 생각해 본 적이 있는가? 이 모든 공간 배치는 이렇게 분명히 말한다. "모든 말은 여기 앉은 이 사람을 통해서 흘러간다!"라고 말이다.

만약 다음에 당신이 긴 테이블의 좁은 쪽, 혼자 앉는 자리가 비어 있는 것을 본다면 이 책략을 한번 시험해 보라!

원-고리-별

"한 사람은 최소한 책임을 져야만 한다!" "엄격한 지도력 없이는 결코 아무것도 이루어지지 않는다!" 이러한 상투어들이 방금 기술한 상호작용망의 형태 뒤에 있는 생각을 아주 잘 대변하고 있다. 이 것은 중앙 중심적 상호작용의 구조 그리고 지도적 구조의 형태이다. 그리고 이것은 별의 형태를 통해서 가장 잘 표현될 수 있을 것이다. 모든 정보는 별의 형태로 중앙으로부터, 즉 상급자에게 전달되고 상급자를 통해서 하달될 수 있다.

오늘날에도 역시 이 시스템이 과제를 이해하는 데 가장 성취력이 높을 것이라는 견해들이 흔하다. 직원들에게 피드백 없이 과제를 분배하고 이어서 이행 여부를 접수받는 이런 가부장적, 중앙집권적 상관들이 아직도 존재한다(여기서 감

> 어떤 상호작용 시스템이 가장 성취력이 있는가?

추지 말아야 할 것은 실제로 이러한 지도적 형태가 가장 성취력이 높을 수 있다. 바로 과제가 가능한 한 빨리 이행되어야 할 때는 그렇다). 우리는 곧 '원-고리-별' 실험에 대해 이야기하면서 여기에 접근하게 될 것이다.

오늘날은 권위의 해체에 대해서 많이 이야기한다. 도처에서 사람들은 중앙적 구조가 서서히 지도력의 비중앙적 구조를 위해 와해되어 가고 있다는 것을 느낄 수 있다.

비중앙적 형태의 가장 최상의 형태는 원의 형태로서 표현된다. 여기서는 다른 사람들로부터 구별되는 부각된 업무를 갖는 중앙적

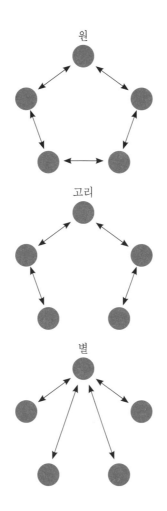

위치는 존재하지 않는다. 누구나 다른 사람과 직접적인 상호작용의 통로를 통해서 연결되어 있다. 직원들은 다른 부서의 동료들과 직접적으로 상의할 수 있을 것이다. 상호작용망의 중심으로부터 교사가 해방되는 학교의 협동학습 또한 이러한 시도일 것이다.

　표면적으로 보았을 때는 이런 모든 노력은 "한 사람은 분명 책임을 져야 한다."라는 원칙에 모순된 것으로 보인다. "엄격한 지도력

없이는 그 어떤 것도 잘되지 않는다."라는 논리의 대변인들은 이러한 모든 노력을 일관성 있게 의심을 가지고 바라볼 것이다. 외견상 이러한 의심들은 과학적 실험의 결과를 통해서 검증되기도 한다. 작업집단의 경우 그들의 상호작용망의 구조가 중앙적이면 중앙적일수록 과제를 점점 더 빨리 이행한다는 것이 확인된 바 있다.

게임 이제 실험 지도자가 되어 다음의 실험을 한번 검증해 보라! 각 5명의 피실험인을 포함한 3개의 집단을 구성한다. 모든 집단에는 각각 1개의 카드세트가 필요하다. 128쪽 가장 위칸에 6개의 심볼이 묘사되어 있는 것을 발견하게 될 것이다.

맨 먼저 세 집단의 모든 구성원을 위해서 6개의 카드에 6개의 심볼을 표기하라. 즉, 3×5×6＝90으로 각 1개의 심볼을 가진 90개의 카드를 만들어야 한다.

모든 게임 라운드(1~15)에서 카드는 새롭게 세 실험 집단의 각 구성원들에게 배분된다. 그리고 그것은 다음과 같은 시스템으로 진행된다.

각 집단의 구성원들은 매 게임 라운드에서 6개의 서로 다양한 심볼카드 대신 단지 5개만 받게 된다. 여기에 대해서 128쪽에 있는 '원−고리−별'의 게임플랜 실험을 한번 살펴보라. 예를 들어, "첫 번째 라운드에서는 집단 구성원 1번에게 '삼각형' 카드가 모자란다. 두 번째 구성원한테는 '마름모' 카드가 모자란다. 세 번째 구성원한테는 '별' 카드가 모자란다." 등 …… 즉, 첫 라운드에서 모든 집단 구성원은 오직 '십자가' 카드(오른쪽)만을, 두 번째 라운드에서는 '별' 카드만을 공통으로 받는다든지 등…….

세 집단의 각 피실험인들은 이제 매 게임 라운드에서 무엇이 모두의 공통 심볼인지 알아내야만 한다.

게임 규칙의 핵심

모든 집단 구성원은 이때 말을 해서는 안 된다. 각 집단은 다만 서면의 방법으로 서로를 이해시켜야 한다(실험 지도자인 당신이 미리 준비해야 하는 작은 메모지를 사용함).

실험 지도자로서 당신의 과제는 모든 집단에게 서로 다른 이해의 통로(상호작용망)를 결정하는 것이다. 125쪽에 3개의 가능한 상호작용망이 제시되어 있다. 즉, 별(강한 중앙 중심적 방식), 고리(약간 덜 중앙 중심적 방식), 원(매우 강한 비중앙 중심적 방식)이다.

'원-고리-별'의 게임플랜 실험

카드 심볼: ▲◆✳●■✚

실험 번호	각 집단 구성원에게 부족한 심볼					공통 심볼
	1	2	3	4	5	
1	▲	◆	✳	●	■	✚
2	◆	●	■	▲	✚	✳
3	✚	✳	■	▲	◆	●
4	■	◆	▲	✳	✚	●
5	●	✳	✚	▲	■	◆
6	▲	●	■	✳	◆	✚
7	■	✚	●	◆	▲	✳
8	◆	✳	■	✚	●	▲
9	✳	◆	■	▲	●	✚
10	✚	●	■	✳	◆	▲
11	●	✚	▲	◆	✳	■
12	✳	●	■	▲	✚	◆
13	▲	●	◆	■	✚	✳
14	■	◆	✚	✳	▲	●
15	✚	●	■	◆	✳	▲

당연히 다른 상호작용망을 스스로 고안해 내서 실험해 볼 수도 있다. 이상적으로는 이 실험에서 참가자들을 실험의 (상호작용망) 모양에 맞게 테이블로 앉게 한다. 그리고 판지로 칸막이를 만들어 세우고 다른 사람에게 카드가 실제로 보이지 않도록 한다.

집단은 이제 서면의 방법으로만 집단 공통의 심볼을 첫 게임 라운드에서 알아낼 수 있다. 모든 집단의 구성원들이 이 기호를 알아냈을 때(손을 드는 방식으로 신고됨) 문제 해결을 위해서 소요된 시간은 확정되고 두 번째 라운드를 위해서 카드가 새롭게 분배된다.

이제 각 집단이 15개의 모든 기호(심볼들)를 알아내는 데 얼마나 많은 시간이 소요되는지 확인하라!

우리는 벌써 이 실험의 결과를 귀띔하려 한다. 보편적으로 별 형태의 집단이 과제를 가장 빨리 해결한다. 그렇다고 예전의 가부장적인 지도 체계로 돌아갈 것인가? 이것은 아마도 실험에서처럼 이렇게 간단한 과제에 특별히 적절할 것이다.

보다 어려운 문제에서는 별보다는 원의 형태가 분명히 더 우월하다. 우리가 창의성 요인으로서 집단에 대해 언급했던 것을 기억

> 원-체계냐 별-체계냐의 문제는 과제의 성격에 따라 다르다.

해 보라. 일반적으로 문제 해결에는 다음과 같은 모토가 유효하다. "어떤 개인도 모두보다 많이 알고 있지는 않다!"

당신은 지금 별에서부터 원까지의 경로에서 어디에 서 있는가? 이제 다음에 있는 검사에 응해 보라!

X 타입인가 아니면 Y 타입인가

미국의 심리학자 맥그레거(McGregor)는 본질적으로 2개의 상반되는 이론이 있다고 말한다(그가 말하는 이론은 'X' 또는 'Y' 이론이다). 이것은 기업에서 상관이 (부하)동료들을 상대로 행하는 행동을 통해서 규정되는 이론이다.

X 이론의 대변인들은 별 형태의 지도적 유형을 우선시한다. 그들은 그들의 (부하)동료를 동료로 보지 않고 그보다는 명령 수신자로 간주한다. 지도력은 이때 업무의 분배를 의미한다.

'X' 이론

	0	1	2	3
범인(凡人)의 일에 대한 회피는 타고난 것이다. 이런 사람은 할 수만 있다면 일을 회피하려고 한다.				
일에 대한 회피 때문에 기대 실적을 만들기 위해서는 인간은 통제되고 위기감을 조성하면서 엄격하게 다뤄져야만 한다.				
범인(凡人)은 지도받는 것을 선호한다. 책임을 전가하려 하고 진취적 발달이 저조하며 오히려 안전을 원한다. 그리고 무엇보다도 다수의 사람에게 편승하는 행동을 취한다.				
범인(凡人)은 자기의 지적인 능력을 오직 부분적으로만 활용하고 게으르며 비생산적이다.				
점수:				

'Y' 이론의 대변자는 인간은 자연적 본성에 알맞은 조건이 주어
진다면 성취 지향적이고 창의적이라는 행동과학자의 견해를 따른
다. 따라서 이들은 과제를 분배하는 것이 아니라 목표를 설정한다.
동료들의 자극은 기꺼이 수용하고 업무의 형태는 이에 맞게 원의
형태가 우선시된다.

'Y' 이론

	0	1	2	3
신체적으로 또는 정신적으로 노력하는 것은 유희본능과 마찬가지로 인간의 본성이다. (어떤 특정 업무는 물론 이와 상관없이 당연히 즐거울 수도 있고 실망스러운 것일 수도 있다.)				
외부의 통제 및 처벌 등의 위협은 사람들의 동기화와 특정의 목표 달성에 효과적이지 않다. 근본적으로 인간은 스스로 책임을 맡는 것을 우선시하고 자기 통제력을 행사하고 싶어 한다.				
인간은 기꺼이 책임을 맡을 뿐만 아니라 그것을 구한다. 책임지는 것을 두려워하는 것이나 공명심의 부족 그리고 안전사고 등은 종종 나쁜 경험의 결과일 뿐이다.				
아이디어의 풍부함과 창의성은 사람들이 일반적으로 가정하는 것보다 훨씬 더 많이 일어난다.				
점수:				

검사 당신은 130쪽과 131쪽의 X 이론과 Y 이론의 목록에서 도합 8개의 인간의 업무 행동에 관한 진술을 보게 된다[이것들은 한스 베르너(Hans Werner)의 『동기와 경영체계』에서 발췌되었다]. 자, 이제 이 두 가지 주어진 대안들에 대해서 어디에 더 많이 동의하는지 결정해 보라. 그리고 척도 안에 알맞은 숫자를 적어 넣으라. 이때 숫자는 다음과 같음을 의미한다.

3

완전히 동의함

2

상당히 동의함

1

어느 정도 동의함

0

결정하지 못함

이제 점수를 계산해 보라. 당신은 X 측면과 Y 측면 어디에서 더 많은 점수를 얻었는가?

우리는 사실 'X 타입'의 이론에 관한 충분히 많은 예를 도처에서 발견할 수 있음을 고백해야 한다. 이것은 또한 자율적으로 일을 처리하기보다는 주어진 일만 수용하는 많은 사람에게 해당된다. 그러나 우리가 이 책에서 개인의 행동이 얼마나 많이 다른 사람에 의해서 의존된다는 것을 쓸모없이 그렇게 자주 언급하는 것은 아니다. 누군가 부모의 집에 살면서, 학교를 다니면서, 군대에서 그리고 수련 과정 중에 규정을 짓는 소수의 사람을 만났었고 그리고 그것에 순종하는 많은 사람을 만난 경험을 한 사람이라면, 당연히 그가 다른 형태의 공동 작업이 요구될 때 신속히 '전환'되기란 쉽지 않은 일이다.

당신이 보다 X 타입의 독자라면 그리고 당신의 동료들(또는 학생들)이 비판 없이 그들의 서열을 받아들이는 것에 익숙해져 있다면 이들이 독립적으로 생각하는 것을 포기했다는 것에 놀라지 마라! 그래서 당신이 다음처럼 말한다면 곧 "X 이론은 정말 딱 맞는 말이야. 인간은 멍청하고 게을러!" 이러한 견해는 자연스럽게 충족될 것이다. 왜냐하면 당신의 동료 또는 학생들

> 당신의 동료들은 생각하기를 포기했는가?

이 이것에 따라서 행동하고 여기에 맞는 행동방식을 생산해 낼 테니까.

행동과학에서 이러한 현상을 '자기 충족 예언!'이라 부른다.

문제는 유능인가 아니면 인기인가

이제 다시 한번 우리가 이 장의 처음으로 돌아간다면 많은 상호 작용망의 교차점이었던 우리의 종업원을 다시 떠올릴 수 있다. 이 젊은 아가씨가 그녀의 구역에서 정보의 지배적 위치를 가졌다는 것과는 별개로 아주 잘 상상되는 것이 있다. 그것은 그녀가 매일 많은 사람과 대화를 할 수 있다는 것이 그녀에게는 아주 특별히 즐거운 일이라는 점이다. 이 의사소통의 욕구는 인간의 기본욕구인 것으로 보인다. 그래서 이제 우리는 왜 원의 형태가 의사소통과 업무의 형태로서 별의 형태보다 더 우월한 것인지 그 두 번째 이유를 알게 된 것이다.

> 원의 형태는 별의 형태보다 사회적 접촉에 대한 욕구를 훨씬 더 많이 충족시킨다.

그래서 이에 따라 우리가 기술한 '원-고리-별' 실험에서 공동 작업을 위한 만족감과 동기는 원 형태의 집단에서 최적이었다는 것을 확인하게 되었다. 이 만족감이 집단의 업무성과를 위해서 장기적으로 작용한다. 이것은 특별히 보다 어렵고 낯선 과제를 해결해야 할 때 더욱 그렇다. 곧 자율적인 사고는 지시되는 것이 아닌 것이다!

공동 작업을 위한 준비성(동기)이 필요한 사람은 적절한 운영 형태를 통해서 가능한 한 촘촘한 의사소통의 망을 준비해야만 한다. 이 그물망은 다시 한번 분명히 언급할 때, 문제 해결을 위한 최적의

정보교환의 물적 기능만이 아니라 집단의 접촉에 대한 근본적인
정서적 욕구를 충족시키는 것이다.

　원래 모든 인간의 행위 뒤에는 어떤 정서적 기본욕구가 존재한
다. 우리는 다만 이러한 진실을 망각하는 것을 배워야만 했다. 그
리고 인간의 오직 반쪽만을 고려해야만 했다. 확실하게, 무언가를
성취하고자 하는 인간의 정서적 기본욕구가 있다. 바로 이런 욕구
에서 산악정복이나 시짓기 또는 연말의 판매실적 등이 생성되는
것인지, 우선은 아직 완전히 확실하지는 않다.

　이와 함께 언급해야 할 것은 '산악정복'이나 '시를 짓는 일' 또는
'사업을 하는 일' 등은 말할 것도 없이 그 아래 존재하는 기본욕구
와 동일시되어도 된다는 것이다. 이것은 정
확히 오늘날 우리가 우리의 문화에서 성취를
이야기할 때의 경우이다. 우리는 흔히 생산
실적이나 업무 정확성 또는 월간 매출과 같

> 좋은 지도력이라면 그 집단
> 의 정서적 욕구 또한 충족
> 시켜야만 한다!

은 것들이 그 자체로서 매우 훌륭하고 가치 있는 일이라고 설득된
다. 그리고 우리 행위의 원래의 원동력이 되는 정서는 이러한 목적
을 쫓는 과정에서는 집에 놓고 오는 것이 가장 좋을 것이다. 정서는
그렇게 '비객관적'이고 따라서 종종 '훼방적'이라고 하니 말이다.

　우리는 오직 인간의 반쪽만을 이해하고 있다고 말했다. 즉, 객관
적인 목표를 쫓을 때 우리 감정의 영역과 특정한 정서적 소망을 포
기할 수 있다고 믿을 경우를 반쪽의 인간만을 이해하고 있다고 말
한 것이다. 지도적 행동(리더십)에 대한 과학적 연구가 우리사회에
실제로 지도력의 반쪽만을 실현시키는 두 가지 지도자 타입의 분

류가 있음을 보여 주었다. 그 한 가지는 객관적이고 성취지향적인
타입(유능한)이고 이와 다른 한 가지는 정서적이고 인간중심적인
타입(인기 있는)이다.

학교에서도 우등생('유능한 학생')이 반장('인기 있는 학생')과 항상
동일하지는 않은 것을 관찰할 수 있다. 우리가 생각해야만 할 점으
로, 우리 문화에서 사용되는 성취의 개념은 이 인간의 정서적 측면
을 무의식적이긴 하지만 매우 효과적으로 제외시켰거나, 최소한
그것을 삶의 다른 영역으로 추방한 것처럼 보인다. 더 생각하게 되
는 점은 장기적으로 모든 성취 뒤에 인간의 욕구가 있다는 것을 잊
지 않은 사람들, 그래서 인간의 객관성과 정서성 양쪽의 절반을 모
두 다시 하나로 통합하는 것을 잊지 않은 사람이 장기적으로는 가
장 성공적인 사람이라는 것이다.

미국인인 블레이크(Blake)와 무톤(Mouton)이 이 요인들을 '행동
격자' 속에 제시하였다. 그리고 이와 함께 다양한 지도적 스타일을
표시하였다. '인간 중심'과 '성과 중심' 이 두 가지 영역은 격자 안에
서 각각 9단계의 유형으로 평가된다. 우리는 여기서 다만 5개의 가
능한 조합만을 포착해서 제시한다.

1.1 유형

이 유형의 사람은 저항력이 가장 적게 필요한 길을 간다. 이런 사
람은 원래 실적이나 인간 모두에게 관심이 없다. 어려움이 생기면
잠수함 역할을 한다. 존재하지만 또한 부재하는 사람이다.

9.1 유형

이런 사람의 가장 높은 계율은 성과를 말한다. 인간 간의 관계는 소망되지 않는다. 왜냐하면 그런 것은 업무에 훼방적으로 작용할 수 있기 때문이다. 인간은 목적을 위한 수단이다. 인간적인 관계는 권위와 순종을 바탕으로 형성된다.

1.9 유형

이 사람들의 업무 분위기는 친절하고 이완되어 있다. 어려움이 나타난다면 부드러운 인간성과 좋은 의지에 의해서 해결된다. 그래서 갈등은 최대한 방지되고 친절하게 지나간다. 이런 사람은 원래 전혀 지도하고 싶어 하지 않는다.

1.9 유형	"서로서로 친절할 것!"				"지도력은 사람과 과제에 대한 책임을 의미한다!"	9.9 유형
			5.5 유형			
			"차라리 모든 것을 종전처럼 할 것!"			
					"권위와 순종이 세계를 유지한다!"	
1.1 유형	"눈에 띄지 말 것!"					9.1 유형

인간 중심

성과 중심

5.5 유형

이 유형의 사람은 보수적인 타협가의 유형이다. 이런 사람은 원래 '채찍'으로 위협할 것인지 '달콤한 빵'으로 유혹할 것인지 결코 결정하지 못한다. 그는 어느 정도 보장돼 왔던 모든 것은 차라리 종전처럼 그대로 두고자 하는 범인이다.

9.9 유형

행동격자에서 가장 이상적인 유형이다. 감동력과 업무준비성(동기)이 높은 것은 이 유형이 지닌 강한 인간적 관심에서 비롯된다. 갈등은 방지되는 것뿐만 아니라 흔히 모든 참여자의 관심이 고려되면서 충분히 다뤄진다.

연습 깊이 생각해 보기 위한 두 가지 과제가 있다.

자신과 동료를 위해서 행동격자에서 어떤 자리를 만들 것인가?

당신 생각에 만약 9.1 판매부장이 1.9 고객과 거래를 한다면 어떤 일이 일어날 것 같은가?

재확인(피드백)

첫 번째 운전연습을 기억하는가? 오른쪽 길이 아주 위협적으로 급히 다가오고 놀라서 불안하게 핸들을 왼쪽으로 꺾는다. 그리고 바로 반대쪽에서 충돌할 듯이 소리를 내며 달려오는 자동차를 보게 된다. 그런데 지금 우리는 점점 더 '오른쪽 길'에서 빨리 벗어나고 우리의 차를 때맞게 통제할 수 있다는 것을 안다. 선박의 함장은 옳은 경로를 결정하기 위해 등대와 별자리에 의존한다. 항해사는 이탈을 곧바로 중개처에 신고하고 그러면 소타수는 이에 맞게 경로를 수정하기 위한 지시를 받게 된다.

이 두 예를 가지고 우리는 다음과 같은 규칙 순환에 관한 전통적 인공두뇌학 모델을 기술하였다.

어떤 특정 목표는 특정 행위를 통해서 도달될 것이다. 목표도달의 수준은 행위자에게서 계속 재확인된다. 행위가 목표에 도달하지 않는다면, 즉 곧 이탈이 나타난다면 이탈에 대한 정보가 행위자에게서 상응하는 반응을 일으킬 것이다. 규칙 순환의 모델은 행위 결과에 대한 정보가 우리에게 얼마나 중요한지를 매우 분명하게 보여 준다. 다시 한번 운전연습 시간으로 돌아가 보자. 자동차가 매우 짙은 안개 속에서 움직일 경우 운전자는

재확인은 충돌을 방지하는 데 도움이 된다.

그가 어디에 있는지 아무런 재확인을 얻지 못한다. 이럴 경우 운전은 불가능하다. 이런 재확인은 다른 사람과의 어울림 속에서도 필요하다. 우리가 바로 어디에 서 있는지 알고자 한다면……

규칙 순환의 모델은 모든 대화에서 활용된다. 우리가 어떤 특정한 목적을 갖고 있을 때 목적이 도달되지 않고 있음을 파트너의 표현을 통해서 알게 된다면 우리는 아마 대화의 전략을 바꿀 것이다. 또한 지금 바로 왜 침묵하는 대화 상대를 우리가 이러한 대화에서 좋아하지 않는지 알 수 있다. 우리는 안개 속에 있을 때 정보 없이 헤매게 된다. 그래서 "오리무중에서 헤매다."라는 속담은 바로 이러한 것을 아주 잘 표현하는 말이다!

그런데 다른 사람이 의식적으로 침묵하는 것이 아닐 때도 역시, 우리는 매우 상이한 이유들로 그의 정보를 잘못 이해할 수 있다. 그리고 이러한 점을 다음에 보게 될 것이다. 그러나 충돌을 방지하기 위해서 다른 사람의 재확인(피드백)을 제대로 수신하고 다른 사람에게 그에 대한 우리의 재확인(피드백)이 제대로 전달되는 것 또한 매우 중요하다.

집단에서는 비슷한 일이 마치 명절장의 자동차 스쿠터 장에서처

럼 일어나곤 한다. 사람들은 다른 사람들이 어디로 움직이는가에 대해 정보를 수신한다. 그리고 우리 자신의 경로 또한 다른 사람에게 접수된다. 의도적인 충돌의 경우를 제외한다면 우리가 충돌하는 것은 오직 다른 사람이 또는 우리가 어디로 움직이는지를 잘못 해석했을 때만 일어나는 일이다.

자동차 스쿠터에서 운전자들은 오직 오른쪽으로만 달리는 것을 합의할 수 있을 것이다. 그리고 특정한 신호를 상호이해를 위해서 합의할 수 있을 것이다. 그러면 모든 운전자는 더 자유롭게 더 빨리 움직일 수 있다. 그리고 또한 집단 안에서 더 자유롭고 더 빠른 이동이 가능하다. 그러므로 재확인(피드백)의 교환을 통해서 특정한 규칙을 주의할 경우 집단 속에서 더 자유롭고 더 빠른 움직임이 가능하다.

집단역학에서는 '재확인' 대신에 '피드백'이라는 표현이 통용된다. 따라서 여기서는 이 용어를 계속 사용할 것이다. 자신이 한 행동의 효과에 대한 피드백을 우리는 사람들에게서 모든 다양한 형태로 얻는다. 그것은 다음처럼 무의식적으로 또는 비언어적으로 일어날 수 있다. 예를 들어, 우리가 우리 입장에서 흥미로운 이야기를 풀어놓고 있다고 하자. 그런데 청자 중에 한 명이 하품하는 것을 눈치챈다. 우리는 이 '하품'이라는 정보를 받아들이고 그것을 '지루함'으로 해석한다. 그 청자가 중요하다면 우리는 이제 다시 그의 주의를 얻고자 하는 시도를 하려 할 것이다.

이러한 규칙 순환의 전 과정은 이에 대해 어떤 말도 행해지지 않는 상태에서도 그리고 두 사람에게 전혀 의식되지 않는 상태에서도 진행된다. 곧 앞의 경우 아주 간단한 재질문이 있었다면 좋았을 것이다. 청자가 주제를 매우 흥미 있게 생각함에도 불구하고 사전에 매우 긴장된 하루를 보냈던 상황이라면, 이런 경우에 우리는 행동적 반응을 잘못 해석할 수 있고 이와 함께 잘못된 피드백을 얻을 수 있다. 이런 견해에서 다음처럼 첫 번째 대화 진행을 위한 중요한 규칙이 있다. 곧, 대화 상대를 잘못 이해할 수 있는 위험이 있기 때문에 우리는 신호를 제대로 해석했는지 확인해야만 한다(긴 대화의 말미에서야 두 싸움닭이 사실은 같은 것을 의미하고 원했었다는 것 그리고 그들의 전 노력이 오직 오해에서 비롯되었다는 것을 깨닫게 되는 일이 얼마나 많이 일어나는가! 놀라움에 차서 두 사람은 외칠 것이다. "우리가 사실은 같은 생각이었잖아!").

즉, 우리는 지금까지 의도적으로 피드백을 옳게 수신하고 또 전달하는 것을 시도했다. 앞서 '맹점의 창문'(20쪽)에서 이미 일반적으로 자신에 대한 정보를 주고 다른 사람의 정보를 얻는 것이 얼마나 중요한지 보았다. 예를 들어, 화자는 다른 사람의 하품을 인지했을 때 다음처럼 질문할 수 있다. "당신이 하품하는 것을 보는데요. 나의 이야기가 아마 당신을 지루하게 만들었나 보지요?"(이 질문은 원시적으로 보인다. 그러나 얼마나 자주 사람들이 이런 형식의 질문을 하는 것에 장애를 느끼는가!) 청자에게는 이때 대답할 기회가 생긴다. 그리고 이와 함께 자기의 반응이 잘못 해석되는 것을 다음처럼 방지할 수 있다. "저는 당신이 말하는 것에 매우 큰 흥미를 느낍니다. 그러나 지금 제가 너무 피곤해요. 그래서 따라갈 수가 없어요! 이 내용은 저한테 매우 흥미롭기 때문에 당신이 이것을 내일 다시 이야기해 준다면 정말 좋겠어요!"

> 대화 상대의 신호를 제대로 해석하였는지 확인하라.

우리는 피드백을 옳게 수신하는 것만 중요하다고 말하지 않는다. 마찬가지로 다른 사람에게 피드백을 제대로 전달하는 것도 중요하다. 다른 사람에게 그가 우리에게 영향을 주고 있는 그 정보에 대해 더 많이 알게 해 달라고 주의를 환기시킬 때, 이것으로 어떤 불손한 행동을 부추기는 일은 아니다. 앞에서 우리의 정보가 자신에게 어떻게 '도달'되었는지 말하려고 하지 않는 전략적인 침묵인에 대해서 언급한 바 있다. 피드백의 결여를 통해서 바로 상대에 대한 우리의 관계는 불분명해진다(안개 속처럼!). 이러한 상태는 분명히 불편하게 느껴진다. 그래서 일반적으로는 다른 사람에게 그의 행동이 우리에게 어떻게 작용하는지 말할 경우 그가 그것을 고맙게 생각하는 것을 가정할 수 있다. "나에 대해 어떻게 생각하느냐?" 이 질문은 거의 모든 사람에게 매우 중요하다!

그런데 왜 우리의 피드백이 잘못 전달되고 그리하여 대화 상대에게서 분노가 일어나는 체험을 자주 해야만 할까? 다음과 같은 형태의 피드백을 한번 관찰해 보자.

"너는 부끄러운 줄 알아라!"
"너는 예민하구나!"
"너는 내 화를 돋우는구나!"
"나는 네가 원망스러워!"

사실 여기에 진정한 의미의 피드백은 없다. 다른 사람이 우리에게 어떻게 작용하는지 그의 구체적인 행동을 기술하지 않기 때문이다. 그리고 외려 우리가 상대방을 어떻게 평가하는지(또는 저평가하는지!)에 대해서 말한 것이다.

만약 우리가 그렇게 말한다면 "너는 부끄러운 줄 알아라!" 또는 "너는 내 화를 돋우는구나!" 이것은 다른 사람의 특정 성격 특징과 행동의 동기를 저평가하는 것이다. 이와 함께 이 행동이 실제로 정확히 어떻게 보이는지 그에 대해서는 말하지 않고 다만 그 행동을 해석한 것이다.

우리는 기술된 행동과 해석된 행동 사이의 차이를 보다 더 분명하게 하고자 한다. 아마도 방금 상대방에게 이렇게 말했다면, 즉 "너는 건방지다!"라고 했다면 이 결론은 다음과 같은 **관찰된 행동**을 통해서 도달되었을 것이다. 즉, "우리의 대화 상대는 우리가 무엇인가를 말했을 때 눈썹을 치켜세웠다." "그는 방에 들어올 때 인사를 하지 않았다." "그는 항상 입가에 비꼬는 듯한 미소를 짓고 있다." 등등.

이런 관찰을 통해서 우리는 바로 "이 사람은 건방지다!"라는 결론에 도달한 것이다. 그러나 아마도 이 행동방식 뒤에 단지 불안감이 숨어 있던 것은 아닐까? 여하튼 이러한 해석 또한 응당 가능하지 않겠는가?

그럼 우리의 해석을 어떻게 검증할 수 있을까?

다른 사람에게 우리가 그의 행동을 어떻게 느끼는지 말하는 대신에 오히려 우리가 그것을 어떻게 관찰하고 있는지를 말해야 할 것이다. 이 규칙은 우리에게 피드백을 구체적인 내용을 가지고 채울 것을 요구한다. "내가 방금 내 생각을 말했을 때 네 입꼬리가 좀 올라가는 게 보였어. 너는 다른 사람이 뭔가를 말할 때 자주 그렇게 하더라! 그래서 그게 나한테는 좀 건방지게 보이는데……."

"나는 네가 원망스러워!"라는 정보 또한 매우 부정확하다. 이 말

로 우리는 상대에게 비록 자신의 감정에 대해서 전달하고 있고 그
와 함께 자신에 대한 정보를 주고 있지만 그
러나 이것으로 상대가 자신에 대해서 좀 더
명료하게 볼 수 있도록 하는 것에는 아무런
도움이 되지 못한다. 우리가 얼마나 원망스

> 받은 인상이 아니라 행동에
> 대해 피드백하라!

러운지 말했을 때 우리는 아마도 신중하게 생각한 정보를 의미했을
것이다. 그리고 그것은 비난이 아니었을 것이다. 그러나 우리의 대
화 상대는 그것을 분노의 표현이나 또는 비난으로서 해석했을 수
있다. 비난은 대부분 공격적인 보복비난을 생산한다! 그래서 바로
우리는 "나도 네가 원망스러워 왜냐하면……."이라는 피드백을 얻
게 된다.

자신의 정서를 보다 더 정확하게 표현할 수 있다. 일반적으로
"나는 네가 원망스러워……."라고 말하는 대신에 "나는 네가 너무
빨리 운전을 해서 불안해!" 또는 "나는 네가 계속해서 나를 방해해
서 화가 나!"라고 말해야 할 것이다.

다른 사람에게 우리의 감정에 대해서 표현할 경우에도 우리는
그의 행동이 우리에게 어떤 감정을 일으키는지 구체적으로 전달
하려고 해야 한다. 이것이 상대와 우리 자신을 더 잘 이해할 수 있
도록 돕는다. 눈썹을 치켜올리거나 입가를 아래로 잡아당기는 것
은 종종 무의식적으로 일어난다. 그 행동이 다른 사람에게 "건방지
다."라는 신호를 준다는 사실을 아무도 말하지 않는다면 우리는 절
대 알 수 없을 것이다. 아마도 스포츠카 운전자는 자기 조수석에 있
는 그녀도 자기처럼 똑같이 크게 즐거울 것이라 믿기 때문에 그렇

게 빨리 질주할 것이다!

이제 얼마나 자주 당신의 주변에서 부정확한 피드백이 전달되는지 그리고 그것이 관련된 사람 어느 누구에게도 아무 소용이 없다는 것을 주의해 보라. 이유를 말하지 않고 해석하는, 평가하는, 공격적인, 감정의 표현 등등을⋯⋯.

이 절의 결말로 미래에도 긍정적인 피드백을 더 정확하게 표현하도록 주의를 주고 싶다. "네가 최고야!"라고 단순하게 말하는 대신에 아마도 "너의 유머는 내가 우울할 때 자주 도움이 돼!"라고 말해야 할 것이다.

연습 다음에 언제라도 해석하는 대신에 단순히 묘사만 하는 작은 연습들을 한번 시작해 보라. 아마 다른 사람에 대한 당신의 감정의 원인들을 지금까지 경험했던 것보다 훨씬 더 분명하게 알게 될 것이다.

거울아, 거울아……

리히터(Horst E. Richter)는 『집단』이라는 그의 책에서 소위 '자생집단'의 문제점과 어려움에 대해 매우 명확하게 기술하고 있다. 아파트카페회원집단, 자치유치원, 자치부모집단, 학생들의 스터디그룹 등등은 큰 감흥으로 형성되고 다시 실망해서 해체된다.

"모두가 서로 이해할 수 없었어."
"관심사가 너무 달랐어."
"공적인 문제들이 해결될 수 없었어."

이러한 또는 유사한 설명들이 실패의 이유를 해명하기 위해서 제시된다. '공동체'의 극적인 해체를 처음 경험한 이후에는 이와 함께 다음과 같은 그 증거를 유추해 내는 소리들이 충분히 있다. 이들은 곧 인간은 결국 존재적으로 혼자이고 오직 '부부'라는 공동체만이 유일하게 존재에 직질한 결합의 형태였을 것이라고 한다.

이러한 결론은 어쨌거나 어느 정도 성급하다. 어떻게 유아기부터 개인주의로 성장한 사람들로부터 그들이 곧바로 집단 속에서 집단 안의 삶에 불가피한 새로운 행동방식에 적응하는 것을 기대할 수 있겠는가! "너 자신만을 믿고 절대 그 밖의 다른 사람을 믿지 마라!" "성공하기 위해서는 (다른 사람을 밀쳐 낼 수 있도록) 너의 팔꿈치를 사용해라!" "최고만이 살아남는다!" 누군가 이러한 원칙들을 가지고 성장한 사람은 무슨 생각을 하는지 절대 말하지 않을 것과 가장 좋은 자기방어는 공손한 (얼굴)마스크라는 것을 또한 배웠다고 해야 한다. 상대방을 어떻게 생각하는지 그에게 말하는 것은 부적절할 뿐만 아니라 불편감을 일으키는 일인 것이다!

한마디로 우리 모두는 많든 적든 주변 사람들을 불신의 태도를 가지고 만나는 것을 먼저 배웠다. 이러한 태도는 시간이 흐르면서 우리의 무의식 속으로 내려앉았지만 계속해서 효과적으로 작용한다.

당신은 이러한 태도가 자신에게는 해당되지 않는다고 이의를 제기할지도 모른다. 당신은 바로 접촉을 구하고 있고 어떤 단체에 가입하려고 하고 어떤 자율집단에서 함께 일하려고 하기 때문일지 모른다. …… 그러나 분명히 당신은 잊지 않았을 것이다. 당신이 완전히 낯선 사람들만 있는 집단과 첫 대면을 했을 때 어떤 감정을 가졌었는지. 곧, "사람들이 얼마나 나를 받아 줄까?" "나에 대해서 어떤 생각을 할까?" 이러한 유사한 질문들이 타인을 사귀면서 생기는 기쁨 말고도 분명히 당신의 마음을 움직였을 것이다. 이런 질문들은 또한 집단이 사람들과 아주 오래 함께한 경우에도 유효하다. 게다가 우리는 이러한 질문들에 대답할 수 있을 것이라고 믿지만 완전히 확실한 것도 아니다.

한 집단에서 상호 교제의 과정이 잘못된 길을 가게 된다면 쌍방 간의 불신, 상호이해 결여, 동기의 저평가 등이 금방 일어난다("그는 오로지 자기 이익만 생각한다!"). 또는 강박사고까지 일어난다("그는 나를 좋아하지 않아!"). 결국 모든 사람이 관계에서 멀어지고 서로 간에 엿보기만 한다. "사람들이 지금 나에 대해서 어떻게 생각할까?"—"어떻게 사람들이 전혀 눈치채지 못하게 하면서 나의 관

집단 형성은 실패할 수도 있다!

심사를 가장 잘 관철시킬 수 있을까?" 결국은 사르트르(Sartre)가 그의 희곡에서 아주 적중되게 다음 같은 문장으로 기술한 상태에 도

달한다. "지옥이란 다른 사람들이다!" 결국 사람들은 헤어지며 그리고 자신의 좌절을 위장하기 위해서 이유를 찾는다. 성격의 불일치, 서로 맞지 않는다, 관심이 너무 달랐다 등…….

이 장의 시작 때, 우리는 이러한 상태는 다른 사람의 신호를 잘못 해석하거나 또는 좋지 않은 피드백 행동을 통해서 일어날 수 있음을 분명히 했었다. 사람들은 이런 위험을 알고 있고 그래서 마음을 열기 위한 시도를 했을 때조차도 오해와 분노는 계속해서 새롭게 탄생될 수 있다.

리히터가 그의 책에서 기술한 집단들은 정기적으로 그들의 문제를 제대로 인식하고 해결책을 찾기 위해서 그에게서 상담을 받았다. 그렇지만 지금 당신의 집단에는 아마도 심리학적으로 또는 집단역학적으로 전문 교육을 받은 상담자가 상주하지 않을 수 있다. 곧 집단과 직접 대면하고, 자신을 어느 정도 집단의 거울로 사용할 수 있는 상담자를 말한다. "보세요, 이게 집단 속의 여러분의 모습입니다. 여러분은 문제를 풀기 위해서 이렇게 시도하고 있군요."

다음의 놀이들은 비록 전문 교육을 받은 상담자가 대신하지는 않을지라도, 집단에게 많든 적든 놀이의 형태로 상호 피드백을 주고받는 가능성을 제공한다. 다른 사람을 어떻게 인식하는지, 어떤 동기를 그에게서 추측하게 되는지 그리고 그가 우리에게 어떤 감정을 일으키는지, 스스로 이러한 피드백을 상대방으로부터 수용하는 것은 오해의 해명과 시작되는 갈등을 처리하기 위한 첫 번째 단계일 뿐만 아니라 가장 중요한 단계이다.

원래 특정한 목적하에 정기적으로 모이는 모든 집단은, 예를 들어 앞에서 언급했던 아파트카페회원집단이나 여느 단체의 축제위

원회까지, 모임과 함께 동시에 일정하게 정해진 시설에서 피드백 회의를 진행하는 것이 좋을 것이다. 그리고 이때 특정한 날을 별도로 정해서 할 것인지 또는 모임 때마다 이어서 피드백 단계를 마련해야 할 것인지 그것은 그다지 중요하지 않다. 다만 이것이 습관이 되도록 하는 것, 가령 대부분의 사람이 시장을 토요일 오전에 보는 것과 같이 어떤 특정한 습관으로 만들어 가는 것이 중요하다!

> *대인관계의 문제는 대부분 객관적인 것만이 아닌, 상당한 비중의 정서적 배경을 갖고 있다.*

당신은 아마도, 상처 난 자존심과 오해로 인하여 서로 합리적으로 이야기하는 것이 불가능해졌기 때문에 함께 협동할 수 없다고 불평하는 집단이 되는 것을 막을 수 있을 것이다. 잘 기능하는 집단에서는 공개적인 피드백은 자명한 일이다. 이것이 한번 실행되면 공개적 피드백의 장점은 급속도로 빨리 인식된다. 사람들은 마찰 없이 쉽게 협동하게 된다. 왜냐면 분노나 전략적 방어전술이 일어나기 전에 서로 간의 차이들이 곧바로 해명될 수 있기 때문이다.

잊지 말아야 할 것은 우리가 지금까지 적절한 피드백을 배운 적이 없다는 것, 그래서 아마도 우선은 그런 것들이 불편하게 느껴질 수 있다는 것이다. 우리가 제안한 피드백 게임이 이러한 상황에서 도움이 될 것이다.

때때로 사람들은 아마도 다른 사람에게 무엇을 말해야 할지 표현하기 위한 적절한 단어를 찾지 못할 수 있다. 이럴 때 종종 느낌을 바꾸어 쓰는 것이 훨씬 더 쉽다. 원래 사람들이 보통은 길게 해명할 수밖에 없는 일상어적 표현을 위해 비유를 사용하는 것처럼

그렇게 느낌을 바꿔 쓰는 것이 더 쉽다. 예를 들어, "물속의 물고기
처럼", "백 파운드 무게의 부담처럼" 이러한 것들은 많은 말보다도
월등히 더 명백한 표현력이 있는 그림들과 같다.

　피드백 게임의 기본 생각은 사람들이 종종 무엇이 다른 사람에
게 방해가 될지 또는 마음에 들지 정확하게 표현하는 데 어려움을
갖고 있다는 것이다. 언젠가 한번은 처음으로 거기에 익숙해지기
위해서 우리가 지금보다 더 자주 피드백을 하자는 것이 바로 이와
같은 또는 유사한 피드백 게임이다. 당신 스스로 비슷한 게임을 고
안해 낼 수 있다면 그것이 좋은 시작이다.

　157쪽에 있는 우리의 게임 규칙은 당신이 말하고자 하는 것을 다
른 사람에게 지금보다 더 상세하게 전달하는 데 도움이 될 것이다.
지금까지 이러한 규칙을 중시하지 않았던 당신의 대화상대가 거기
에 주의하도록 해 보라. 그러면 대화에서 많은 오해가 우선적으로
발생조차 하지 않게 될 것이다.

연습 　짝 인터뷰

　일상적 업무회의 후에 집단 구성원들은 각각 한 명의 상대를 찾
는다. 상대는 업무상 발생된 의견 차이나 갈등이 쌍방 간에 아직 흡
족히 해결되지 않았다는 감정이 있는 그런 사람이어야 한다.

　이제 업무회의 진행 중에 그 상대에게서 받았던 느낌을 검증해
보라. 이때 아마도 당신이 그의 행동을 잘못 인식했거나 잘못 해석
했을 수도 있다는 가정에서 출발해 보라.

당신의 상대에게 물어보라

- 회의 중에 그가 당신과 집단을 상대로 어떤 감정을 가졌었는지
- 회의 중에 그가 자신의 행동을 어떻게 인식했는지
- 집단 안의 자신의 행동에 대해 그 자신이 실제로 느낀 정서를 얼마나 분명하게 표현할 수 있었다고 생각하는지

사람들은 흔히 대화를 진행하는 동안 자신의 진정한 정서를 표현하는 것을 행하지 않는다. 아마도 대화의 진행을 방해하지 않기 위함일 것이다. 또는 자신의 진정한 정서를 전투적 흥분 속에서 처음엔 전혀 의식하지 못했을 것이다. 어떤 집단 구성원은, 예를 들어 다른 사람으로부터 무시된 것으로 느낀다. 그리고 거기에 대해서 화가 난다(정서적 측면). 그러나 그의 분노는 분명하게 표현되지 않고 오히려 계속해서 다른 사람의 제안과 아이디어를 공격한다(실제적 측면).

인터뷰 때 우리의 질문을 가지고 대화 상대를 도울 수 있다. 그래서 생각과 느낌, 행동이 자기 안에서 통일을 이루었는지 그가 스스로 한번 분명해지도록 말이다.

이어서 대화 상대에게 그의 '맹점'을 밝게 해명하기 위한 피드백을 준다.

당신의 상대에게 말하라

- 당신이 그의 행동을 어떻게 보았는지
- 당신 생각에 그의 행동 뒤에는 어떤 정서가 숨겨 있는 것인지
- 상대의 행동이 당신에게 어떤 감정을 불러일으켰는지

그리고 동일한 질문으로 역할을 바꿔서 연습해 본다(상대방에게 피드백을 하기 위해서 157쪽에 있는 피드백 규칙에 익숙해지라!).

이 연습을 통해서 당신은 상대와 함께 서로 더 개방적이 되고 다른 사람의 입장을 더 잘 인식하며 더 잘 이해할 수 있는 지점에 도달할 것이다.

상반된 입장은 두 논쟁의 적수 중 한 사람이 상황을 '잘못' 평가했기 때문에 생긴 일이 아니고 오히려 두 사람이 객관적 정황들을 문제의 서로 다른 관점에서 이해했기 때문에 발생한 것이다. 예를 들어서 한 사람은 이렇게 말한다. "나는 우리의 상관이 우리에게 분명한 지시를 주니 참 좋아. 그 때문에 우리의 일은 훨씬 잡음이 적잖아!" 이에 반해서 그의 동료는 다음처럼 생각할 수 있다. "우리의 상관은 독재자야!" 이 두 사람은 하나의 동일한 행동방식에 대해서 그와 같은 서로 (차이 나는) 각각의 결론에 도달한 것이다.

싹 인터뷰의 목적은 바로 다른 사람의 관점에서 문제를 바라보는 것이다. 그리고 그것을 통해서 다른 사람의 견해에 대해 더욱 수용적으로 되는 것이다. 바로 우리가 대화 상대에게 우리의 피드백 견해를 받아들일 수 있도록 기회를 주면서 말이다.

게임 가면 그리기

우리는 다른 사람을 우리의 주관적인 색채 안경을 통해서 본다. 이 안경을 통해서 마이어(Meyer) 씨는 재미있는 익살꾼으로 보인다. 그런데 동시에 우리 이웃사람의 안경은 그를 아주 우둔한 엉터리로 지각한다. 반면 마이어 씨는 자신을 어쩌면 거의 냉소적이라고 생각할 수 있다. 이 견해들의 무엇도 옳다고 주장할 수 없다. 그러나 핵심 진실은 각 사람에게 있다. 다음의 게임은 집단의 구성원들이 자신을 다른 사람의 거울 속에서 더 잘 인식하도록 도울 뿐만 아니라 또한 집단 구성원들이 얼마나 서로 다르게 서로를 인식하고 있는지에 대한 보다 정제된 시각을 갖게 할 것이다.

집단의 과제

이제 다른 사람이 남의 그림을 보지 않도록 하면서 혼자서 자기의 가면을 그린다. 이 가면은 가능한 한 정확하게 각자가 집단 구성원으로서 지금 여기에서, 곧 이 순간 이 상황 속에서 어떻게 느끼는지를 잘 표현해야 할 것이다. 그리고 이것은 얼마나 잘 그렸느냐가 중요한 것이 아니고 얼마나 정직하게 그렸는가가 관건이다.

이어서 각자 가면을 그리고 싶은 2명 또는 3명의 다른 집단 구성원들을 임의로 선택한다. 이 가면은 다시 가면을 그리는 사람이 그 (2~3명의) 집단 구성원을 어떻게 보았는지 가능한 한 정확히 표현해야 할 것이다.

다음에 집단 구성원들은 이제 원형으로 둘러앉는다. 그리고 순서에 따라 다른 사람에게 자신의 가면을 보여 주면서 그것의 의미를 설명한다. 바로 이때 마찬가지로 그 사람의 가면을 그렸던 집단 구성원은 여기에 대해 자신의 견해를 말한다. 아울러 왜 그가 이 가면의 주인공을 다르게 보았는지 근거를 댄다. 그러나 전체적인 토론은 집단 구성원 모두가 자신의 가면을 설명한 이후에 비로소 시작한다.

이 게임은 우리 자신의 이미지가 다른 사람이 본 우리 이미지와는 대부분 동일하지 않다는 것을 제대로 한번 확인해 준다. 그리고 자기 이미지를 수정하고 마찬가지로 또한 다른 사람이 우리 자신에 대해 옳게 지각하고 있지 않다는 기분을 갖게 됐을 때는 그것을 방어할 기회를 준다.

덧붙여서 이 게임을 다른 방향으로 평가해 볼 수 있다.
- 누가 집단 구성원들로부터 가장 빈번하게 또는 가장 적게 그려졌는가?
- 가장 빈번한 선택과 또는 가장 드문 선택의 이유는 무엇이었나?
- 누가 집단 구성원들로부터 가장 차이 나게 인식되었고 그 이유는 무엇이었나?
- 누군가 다른 사람을 그린 방식이 또한 그 사람에 대한 그의 관계에 대해서 무엇인가를 진술하고 있는가?

이 첫 번째 질문은 집단 토론에 도움이 될 것이다. 즉, 개개 집단 구성원들의 '맹점'을 최소화하는, 개별적인 피드백에 사용될 것이다. 반면에 나머지 질문들은 전 집단 내의 관계를 해명할 것이다. 곧, 일종의 집단 구조에 대한 피드백이다.

게임 직업선택

이 게임은 '가면 그리기'의 변형이다. 집단은 6명 이상이 되어서는 안 된다. 만약 집단이 이보다 더 크다면 이에 맞게 하위집단으로 나누어야 할 것이다.

과제

집단은 모든 개별 구성원에게 새로운 직업을 나누어 주어야 한다(직업 대신 또한 동물이라든가 카니발 의상이라든가 아니면 역사적 인물을 선택해도 좋다).

각 집단 구성원은 먼저 자기 자신을 위해서 어떤 특정한 직업을 선택한다. 즉, 자기 생각에 자기의 존재에 가장 근접하게 무언가를 표현하는 직업을 선택한다.

선택된 직업은 처음에는 다른 사람에게 전달되어서는 안 된다. 그런 다음 각 구성원은 집단의 다른 사람에게도 또한 한 개의 특정 직업을 정한다. 곧 그에게 가장 전형적으로 어울리는 직업을 하나 지정해 주는 것이다. 이어서 집단은 각 개별 집단 구성원들을 위한 한 개의 직업에 대해서 합의해야만 한다. 순서에 따라 모든 집단 구성원에 대해서 협의가 이루어진다. 누구나 다른 사람들의 선택을 거부할 권리가 있다. 그러나 이 거부에는 정당한 근거가 있어야 한다!

이 게임은 자신의 자기 이미지와 자기에 대한 타인 이미지의 차이에 대해 설명한다. 사람들은 자신의 느낌과 각 개별 집단 구성원에게서 관찰된 행동이 서로 일치하는지 알 수 있게 된다.

적절한 피드백을 위한 규칙

피드백을 주기 위한 열 가지의 규칙

1. 수신인의 준비자세를 검토하라!

다른 사람에게 피드백을 준다는 것은 그를 상대로 개방적인 것을 의미한다. 그래서 당신의 개방성의 시점과 정도를 검토하라! 다른 사람에게 당신의 피드백에 대해 적응할 시간을 주어라! 익숙하지 않은 개방성은 처음에는 충격적일 수 있고 당신의 말에 경청하고자 하는 그 사람의 준비자세는 정지될 수 있다. 그래서 천천히 시간을 두고 진행하라!

2. 피드백의 적합성을 검토하라!

당신의 피드백이 진정으로 다른 사람에게 충분한 도움이 되는지 그래서 그것이 대화 경과 중에 적절한 것인지 검토하라! 즉, 혹시 당신 자신의 분노를 해소하고자 하는 것은 아닌지 미리 거기에 대해서 곰곰이 생각해 보라! 당신의 피드백이 소용가치가 있다면 피드백의 수신자는 그와 관련된 행동을 변화시킬 수 있을 것인가? 당신이 주는 정보가 그에게 중요하고 이미 의논된 것인가?

3. 피드백의 시점을 검토하라!

당신의 정보는 즉흥적인가! 당신의 분노를 끓어오르게 하지 마라! 당신이 만약에 과거의 행동이 아니라 '지금, 여기에'의 행동과 관계한다면 당신은 대화 상대를 최적으로 돕게 된다!

4. 피드백의 정도를 검토하라!

당신은 오직 대화 상대의 현재의 행동에만 관계하라! 포괄적인 성격분석은 다른 사람에게 거의 아무것도 시작할 수 없게 한다. 새로운 정보에 대한 인간의 수용능력이 매우 제한적이라는 것을 잊지 마라.

5. 피드백이 수신인이 소망하는 것인지 검토하라!

모든 사람에게 인식의 장벽이 있다는 것을 생각하라! 인간은 자신의 환경으로부터 정보의 어느 한 부분만을 받아들일 수 있다. 그리고 그것도 오직 그가 거기에 대해 열려 있을 경우에만 그렇다. 대화 상대가 진정으로 당신의 정보에 대해서 관심이 있는지 검토하라. 이상적으로는 피드백의 수신인이 스스로 간청했을 경우이다. 예를 들어서 그가 묻는다면 "제가 지금 잘못 보고 있나요?" 또는 "나는 ~한지 아닌지 스스로 분명하지 않아요……." 이것은 우리에게 그가 불안하고 그래서 우리의 정보에 열려 있음을 나타낸다.

6. 피드백은 구체적이어야 할 것이다!

일반적으로 말하지 마라. "당신은 우월하다. 당신은 지배력이 있다, 불손하다 또는 당신은 빠져나갈 구실을 만든다." 이러한 것은 대략 다음과 같은 것을 의미한다. "지배적, 불손한, 구실 만들기— 이것은 성격이다!" 즉, 당신은 지금 여기에서 당신의 대화 상대에 대해 무엇을 인식하는지를 구체적으로 말하라. "지금 당신은 나를 방해했어요." "당신은 이 순간에 매우 아이러닉하게 웃으시는군요." "당신이 나의 질문을 잘못 이해했을 수 있어요."

7. 피드백은 설명될 수 있는 것이어야 한다!

"당신은 콤플렉스를 가졌어요!" "당신은 오직 당신 조끼를 빨고 싶어 할 뿐이에요!" 이러한 진술로 당신은 대화 상대의 행동을 해석한다. 그러나 이 정보의 의미는 다른 사람에 대한 심리학적 가설을 제공한 것도 아니다. 당신은 정신병리학자가 아니지 않은가! 해석은 대부분 불손한 것으로 작용하고 그래서 이에 상응해서 방어체계만 생산할 뿐이다. 당신은 오직 당신에게 가시적인 행동에 대해서만 정보를 만들어라.

8. 피드백에 대한 동기를 설명하라!

당신의 정보 뒤에 자신의 욕구와 소망이 있는지 생각해 보라! 곧 당신은 대화 상대의 행동이 당신에게 어떤 감정을 일으켰는지 그것도 또한 알게 하라. 그리고 왜 이제 이 피드백을 제공하려고 하는지! 다른 사람에 대해서 아는 체하거나 또는 판사 역할을 하기 위해 이러한 규칙들을 남용하지 마라. 곧, 당신은 다른 사람뿐만이 아니라 자기 자신을 도우라. 당신의 정보 뒤에 있는 스스로의 정서에 대해서 분명해져야 할 것이다. 이때 나는 무엇을 느끼는가? 왜 나는 지금 이것을 말하려 하는가? 원래 내가 무엇을 얻으려고 하는가?

9. 피드백이 제대로 전달됐는지 검토하라!

신호는 절대 장애 없이 전달되지는 않는다. 당신의 대화 상대는 당신에 대해서 또한 잘못 이해했을 수 있다. 그래서 피드백을 줄 때 또한 수신인의 반응을 검토하라. 당신이 말했던 것을 대화 상대에게 그의 말로 다시 반복하게 하라. 그리고 만약 잘못 이해됐다는 생각이 들 때면 그것에 대해서 표현하라.

10. 자신의 판단 능력을 검증하라!

당신은 먼저 현재 자신의 정서상태가 다른 사람을 제대로 인식하는 데 어려움은 없는지 질문하라. 혹시 '분노에 눈이 먼' 상태가 아닌지? 또한 다른 사람도 당신처럼 체험하고 관찰한 것인지? 이 질문은 당신이 눈가리개를 쓰고 다른 사람을 바라보는 것을 방지할 것이다.

피드백 수신을 위한 규칙들

1. 가능한 한 자주 다른 사람에게 피드백을 줄 것을 간청하라!

적절한 피드백의 주고받기는 대부분의 사람에게 익숙하지 않다. 사람들은 그것에 대해 표현하지 않은 채 자신의 확신과 편견에 의존한다. 당신은 당신 자신의 행동을 통해서, 즉 당신이 어떻게 더 잘하게 되는지 그 모범을 보임으로써, 다른 사람이 사람들과 더 잘 어울릴 수 있도록 그들을 '성장'시킬 수 있다. 다른 사람들은 당신이 자신을 보는 것과는 다르게 당신을 볼 수 있다는 것을 또한 생각하라. 그래서 당신의 기본 입장은 다음과 같아야 한다. 내 자신의 인식능력은 한계가 있다. 따라서 사람들은 내게 나 자신과 다른 사람을 보다 객관적으로 보도록 도울 수 있다.

2. 어느 정도를 당신이 원하는지 말하라!

일반적으로 말하지 마라. "내가 당신에게 어떻게 보여요?"라고 말하는 대신에 "나의 대화내용 때문에 당신이 한 방 맞았다고 느끼는 건 아닌가요?"

3. 방어하거나 논쟁하는 것을 피하라!

다른 사람의 공격 또한 일종의 피드백이다. 그것은 예를 들어서 그가 당신의 특정 행동에 대해서 화가 났다는 정보이다. 그래서 보복공격으로 바로 반응하는 대신에 먼저 질문을 하라. 그에게 앞의 열 가지 피드백 규칙을 설명하고 아울러 그가 당신에 대해 무엇을 생각하는지 더 잘 설명할 수 있도록 하라.

4. 정보의 의미를 검토하라!

다른 사람이 당신에 대한 정보로 원래 무엇을 표현하려고 했는지 물으라. 만약 그가 "당신은 불손합니다!"라고 말할 경우 그것이 실제로 무엇을 의미한 것인지 그에게 간청하라. 아마 그가 당신의 행동에 대해서 구체적으로 기술할 것이다. 그러면 당신은 가능한 한 당신의 말로 그의 피드백을 반복하라.

5. 당신의 반응을 전달하라!

사람들은 당신에 대해서 생각하는 것을 당신에게 공개하는 것에 우선 장애를 느낀다. 대부분 한 사람의 개방적인 표현이 관계된 모든 사람을 자유롭게 하는 작용을 하지만 이런 체험은 일단 먼저 한 번 일어나야만 한다. 당신이 먼저 이런 해방(작용)에 기여하라. 당신이 만약 다른 사람에게 당신에 대한 그의 표현을 어떻게 받아들였는지, 그에 대해 화가 났는지, 기뻐하는지 상관없이, 곧바로 말한다면 바로 이러한 기여를 하게 된다. 하여튼 사람들은 이제 그것이 "당신 안에서 어떻게 보이는지" 알 수 있다.

납득시킬 수 있는가

상관의 생일파티든지 단체의 기념일이든지 또는 어떤 중요한 협상에서든지 우리 모두는 언젠가 한번은 연사로서 공개적으로 우리의 목소리를 내도록 강요된다. 이때 필수적인 안정감은 당연히 이에 맞는 연습을 통해서만 얻게 된다. 그러나 언젠가 한 번은 그 '첫번째 순간'이 있다. 그리고 우리가 증명할 수 있을 만큼 그 일을 잘 마무리하는 것이 중요하면 중요할수록 우리는 더 신중하게 사전에 수사적 무기를 제련해야 한다는 것에 주목해야만 할 것이다.

물론 당신이 '훌륭한 연사도 아니고 그리고 앞으로도 계속 그러할 것'이기 때문에 '일에서 가능한 한 명예롭게 손 떼려고' 하지 마라. 오히려 실제 상황을 위해서 무장을 더 단단히 하라. 그렇다고 당신이 얼마나 훌륭하게 당신의 웅변술로 사람들의 마음을 사로잡을 수 있는지 청자들의 표정이 피드백을 줄 때까지 기다리지는 마라.

다음에서 셰익스피어의 희곡 「줄리어스 시저」 중 마크 안톤(Marc Anton)의 추도사를 보게 될 것이다. 이것은 탁월하게 잘 구성된 강연의 한 견본이다. 이 연설문이 얼마나 고요히 시작되는지 그리고 긴장이 극에 달하는 절정의 순간까지 긴장감이 얼마나 더 점점 고조되어 가는지를 잘 주의해서 보라.

연습 당신의 과제
우선 녹음기에 연설문에 쓰인 대로 말해 보라. 여기서 서로 다른 연설문 단락의 다양한 (연기) 표현가능성 중에서 택일할 수 있다는 것을 확인할 것이다. 맨 먼저 4개 연설문 단락의 각각을 위해서 단 1개의 (연기) 표현가능성만을 선택하라. 그리고 가능한 한 선택한 표현을 적중하게 표현하기 위해서 시도하라.

　그러면 이제 친구들 앞에서 연설을 연기해 보라. 당신의 친구들은 각 연설문 단락마다 당신이 어떤 표현에 가장 근접했는지 ∨ 표시를 하면 된다. 이때 당연히 당신이 실제로는 어떤 감정 표현을 선택했었는지 알려 주어서는 안 된다. 다음, 실제로는 당신의 목소리가 어떻게 작용했는지 피드백을 얻는다.

마크 안톤의 추도사

1.
_____

느긋한
_____

친절한
_____

신중한
_____

동포여! 친구들이여! 로마 시민들이여 내 말을 들어 보시오.

나는 시저를 칭찬하러 온 것이 아니고

그의 장례를 치르러 여기 온 것이오.

인간이 행한 죄 값은 사후에도 살아남지만,

선행은 종종 무덤 속에 함께 묻힌다오.

2.
_____

경고하듯이
_____

음산하게
_____

슬픈 듯이
_____

이것이 바로 또한 시저의 경우이오!

고결한 브루투스는 시저가 야심에 가득 차 있다고 말했소.

그가 만약 그러했다면 그것은 심각한 결점일 것이오.

시저는 또한 그 때문에 가혹하게 대가를 치렀소.

여기 브루투스와 다른 사람의 허락으로

내가 시저의 추도사를 하러 온 것이오.

(브루투스는 고결한 사람이고
다른 모든 사람도 고결한 분이오)

3.

압박하는

감정에 차서

의문하듯이

시저는 나의 친구였고 내게 정당하며 성실했소.
물론 브루투스는 그가 야심에 차 있다고 말하고 있소.
브루투스는 고결한 사람이오.
시저가 로마에 많은 포로들을 데려왔소.
그리고 그들의 몸값으로 국고를 채웠소.
이것이 바로 시저에게서 야심이 있는 걸로 보이게 했단 말이오?
빈자들이 그를 향해 소리쳐 울 때, 그도 함께 울었소.
야심은 훨씬 더 냉정한 마음에서 생성될 것이오.
그러나 브루투스는 그가 야심에 가득 찼다고 말하고 있소.
브루투스는 고결한 사람이오.
여러분 모두가 보았소, 내가 루페르쿠스 축제 때 세 번이나
그(시저)에게 왕관을 바쳤던 것을, 그대들 모두 보았었소.
그는 세 번이나 거절했소. 이것이 야심이오?
그러나 브루투스는 그가 야심에 가득 찼었다고 말하고 있소.
그리고 분명 그는 고결한 사람이오.
나는 브루투스가 말하는 것을 반박하려는 것이 아니고,
나는 다만 내가 알고 있는 것을 말하려고 왔소.

4.
_____

위협하듯이
_____

분노에 차서
_____

요구하듯이
_____

여러분 모두는 한때 시저를 사랑했고 거기에는 이유가 있었소.

이제 무엇이 그를 애도하는 데 여러분을 저지시키는 이유란 말이오?

오, 분별력이여, 너는 금수들에게 달아나고,

인간은 이성을 잃었단 말인가! - 기다려주시오!

나의 심장은 시저와 함께 그의 관 속으로 들어갔소.

그 심장이 내게 다시 돌아올 때까지 나는 침묵해야 하겠소.

음성적 표현능력이 충분히 확실하다고 생각될 때 당신의 친구들에게 이 연설문을 연기하라. 이때 당신이 먼저 읽고 그런 다음 원고로부터 눈을 떼고 발표하는 방식으로 원고를 계속 읽으라.

지금 음성에 대해서만 주의하지 말고 오히려 표정과 태도가 특정한 표현을 담을 수 있도록 시도하라. 판단과 평가를 위해서 167쪽에 있는 우리의 피드백 척도를 이용한다.

전체적으로 당신의 연설에 대해서 80점을 얻을 수 있다. 이제 발표로 얻을 수 있는 점수를 스스로 평가하라. 지금까지 자신을 객관적으로 평가하는 것을 분명히 배웠을 것이다.

연설에 대한 피드백 척도

(−)   1 2 3 4 5 6 7   (+)

음성

불분명한 | | | | | | | | 분명한

음성변조

단조로운 | | | | | | | | 변화무쌍한

템포

너무 빠른/느린 | | | | | | | | 적절한

쉼

너무 많은/적은 | | | | | | | | 정확히 알맞은

표정연기

무표정한 | | | | | | | | 표정이 풍부한

청중에 대한 시선 접촉

너무 적은 | | | | | | | | 매우 많은

제스처, 태도

긴장된, 위축된 | | | | | | | | 자유로운, 비강요적인

성격적 표현

생기 없는 | | | | | | | | 활달한

종합 점수:

자가 평가: _____

획득 점수: _____

권력과 사랑

아이는 납득할 수 없는 것이 강요될 때 격분해서 '펄펄 끓는다.' 아직 즐겁게 더 놀고 싶은데 엄마가 침대에 가라고 할 때 분노하여 발을 구른다. 장난감이 고장 났고 아빠가 그것을 더는 고칠 수 없다고 말할 때 절제가 안 돼 울어 제친다. 사랑이나, 먹을 것이나, 장난감 등 욕구가 더는 충분히 충족되지 못할 때 아이는 자신의 감정을 거리낌 없는 표현으로 나타낼 수 있다.

이러한 감정표현 능력은 성인에게는 이미 오래전에 상실되었다. 우리는 매우 일찍부터 교육되었다. "사내는 우는 게 아니야!" 또는 "사람은 자신을 통제할 수 있어야 해!" 이러한 '자기 통제'의 끊임없는 요구는 우리가 스스로의 감정을 억누르도록 하는 것만이 아니라 더 나아가 흔히 그것을 더 이상 인식하지 못하거나 아예 인정하지 않도록 만든다.

대부분의 사람은 이때 우리에게 감정을 부인하거나 또는 무시하는 데 기여한다. 바로 다음과 같이 설득하면서 말이다. "머리를 들어!" "복종하면 안 돼!" "진정해!" "너는 왜 그렇게 성을 내지?" "이성을 가져라!" "그렇게 감상적이 되지 마!" "객관적 사고를 해!"

억압된 정서는 잘못된 길을 간다!

우리는 정서를 부인하거나 억압할 수 있다. 그러나 그것을 '차단'할 수는 없다. 만약 그렇게 될 경우에는 그것은 대부분 은폐된 형태로 살아 있다. 억압된 공격성은 예를 들어서 반어적인 표현으로 나타날 수 있다. 애정은 곧 '감상적'으로 보이지 않기 위해서 희롱으로 둔갑하기도 한다. 그래서 사회적으로 용납되지 않고 배척되는 정서는 종종 완전히 억압되고 무의식 속에서 신체적 반응으로 표현된다. 억눌린 분노는 때로는 만성 의존 장애를 일으킨다. 두려움과 불편감은, 즉 어려운 과제나 상황에서는 두통이나 혹은 갑작스런 피곤으로 나타난다. 그러나 이러한 반응들은 보상행동일 뿐이다. 정서들은 사라지는 것이 아니고 다만 억압될 뿐만 아니라 무의식 속에서 종종 부정적인 방식으로 계속해서 진행된다. 학자들도 이미 이것을 알고 있었다. 신체적 질병에 관한 심리적 원인의 이론들인 정신신체의학은 오늘날 의학의 매우 중요한 한 분과이다.

부정적인 정서들을 단순히 부인하지 않고("내가 시기하는 것이 아니라고 한다면 그것도 그러면……!"), 우리 자신에게서 그리고 다른 사람에게서 그것을 인정할 경우 우리는 우리의 정서를 보다 더 효과적으로 다룰 수 있게 된다. 나는 단순히 감정을 무시하거나, 존재해서는 안 되는 것은 존재할 수 없다고 논박함으로써 내 세계에서 나의 정서를 제거하지 않는다!

다른 사람들과 함께 사는 삶 속에서 영향력이 큰 두 개의 기본정 서가 있다. 하나는 사랑과 인정에 대한 욕구이고 다른 하나는 권력 과 영향력에 관한 소망이다. 이 두 정서가 우리에게 동일한 크기로 작용한다. 그러나 이것들은 원래 서로 상반된 성격이다. 그래서 두 개의 정서를 동시에 만족시키고자 하는 시도는 종종 갈등 속에 무 너진다.

집단에서 가장 사랑받는 사람은 대부분 힘센 사람이 아니다. 그 리고 가장 힘센 사람은 사랑받지 않는다.

흔히 이 갈등은 이 중 하나를 또는 더 나아가 둘 다 모두를 억압 함으로써 해결하려고 시도된다. 이 억압의 종류를 우리는 집단에서 다음과 같이 세 가지의 유형으로 구분할 수 있다.

권력 중심 유형

이런 사람의 표면적인 목적은 집단 내에서의 우월성이다. 이런 사람은 다른 집단 구성원들을 주로 집단 내에서의 영향력과 힘을 근거로 해서 평가한다. 누구의 권리이지? 누가 그것을 지배하게 될 것인가? 누가 가장 많은 지지자를 갖고 있지?

이런 사람은 다른 사람에게 우월성을 통해서, 또는 위협감을 주 면서, 아니면 명령이나 통제를 통해서 영향을 주려고 시도한다.

애정 중심 유형

이런 사람의 표면적인 목표는 집단에서 인정받는 것이다. 이런 사람은 다른 사람을 인간적인 온정의 수준을 통해서 평가한다. 누가 나에게 가장 친절한가? 나 스스로는 누구에게 친절하면 좋은가? 내가 누구를 친구로 얻을 수 있겠는가? 영향력을 행사하기 위한 이런 사람들의 방법은 칭찬이나 우정 또는 작은 선물들 또는 일반적인 '친절함'이다.

이성 중심 유형

이 유형에게는 포괄적으로 모든 종류의 정서는 다 불편하다. 이런 사람들의 목적은 정확성이라고 할 수 있다. 이들은 무엇보다도 다른 사람을 그들의 지적인 능력에 따라서 평가한다. 따라서 이에 맞게 이들은 논리적 기반 위에서 객관적 비판이나 예리한 판단력을 통해서 자기를 관철시키고자 노력한다.

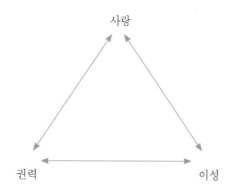

이상적인 것은 사랑과 권력에 대한 욕구가 공존하는 경우, 즉 2개가 서로서로 병행해서 인정되는 경우이다.

우리는 사람에게 '정서적 능력'이 있다고 말하게 된다. 그가 (앞에 말한) 정서적 삶의 하나 또는 두 영역을 억압하지 않고 균형 잡힌 형태로 수용하고 충족시킬 경우에 말이다.

이것은 당연히 항상 동시에 일어날 수는 없다. 우리 스스로를 관찰할 경우, 우리는 많은 집단에서 보다 사랑에 대한 욕구에 치중하고 또 다른 집단에서는 반대로 권력 욕구를 충족시키기 위해서 치중하는 것을 인식하게 된다. 게다가 때때로는 이 두 극단을 억압하려고까지 시도한다.

연습 한번 신중히 생각해 보라, 당신이 정서적으로 대부분
- 당신의 가족 내에서
- 동료집단에서
- 친구들 안에서
- 토론의 장에서

어떻게 반응하는지. 그런 다음 우리의 정서적 삼각형(172쪽)에서 맞는 위치에 체크를 해 보라!

만약에 당신이 집단 내에서 당신의 정서(욕구)들 간 균형 잡힌 조화를 형성하고 있다고 생각한다면 삼각형 가운데에 체크를 하라.

집단 구성원뿐만이 아니라 집단 자체도 얼마만큼 정서를 보살피는지 그 수준에 따라서 평가될 수 있다. 즉, 집단 내에서 개개 집단 구성원들의 정서가 인정되고 거기에 대해서 이야기되는 수준을 말한다. 이렇게 정서가 다루어지는 방식을 경험이 많은 집단리더는 일종의 척도로, 곧 집단 봉합 수준을 확인할 수 있는 척도로 사용할 수 있다.

한 집단 연구가가 언젠가 많은 사람으로 운집을 이룬 새로 형성된 집단을 분석해 보았다. 이 사람들은 서로 낯선 사람들이었는데 완전히 어두운 공간에 갑자기 들어서게 되었다. 이들은 여기저기

더듬기 시작했고, 어떤 사람들은 매우 조심스럽게 발걸음을 떼었으며 또 어떤 사람들은 유일하게 안전한 지지대인 바닥을 기기도 하였다. 모두가 불안하게 '서로서로 부딪치는' 대가를 치루지 않기 위해서 노력했고 언제라도 방어하기 위한 태세로 그리고 거부적으로 손을 내뻗었다.

이러한 현상은 낯선 사람들이 최초로 서로 간의 접촉을 시작하려고 시도하는 형태를 체험적 차원에서 아주 잘 기술하고 있다. 정서의 영역은 가능한 한 배제되어 있고 또한 이와 함께 집단 구성원들 간의 개방적이고 자유로운 상호작용은 처음에는 거의 불가능한 상태이다.

집단 발달을 기술하기 위해서 우리는 도형의 2개의 양극단이라고 명명한 '권력'과 '사랑'을 활용할 수 있다. 2개의 불확실성의 영역이 집단이 발달하는 과정에서 근본적으로 극복되어야만 한다.

그 첫 번째 영역은 집단 내에서 권력을 사용하고 분배하는 것에 대한 집단 구성원들 간의 태도이다(권위).

두 번째 영역은 집단 구성원들 간에 서로서로 상대에게 갖는 태도의 영역이다(친밀감).

집단이 가장 먼저 해결해야 하는 주요 문제는 개개 집단 구성원들의 권위와 친밀감에 대한 태도와 관련된다. 반대, 의존, 후퇴 또는 경쟁심이 가장 먼저 지도력을 요구하는 집단 구성원들의 전형적인 반응들이며 이것이 상호 간의 진정한 도움을 저해한다.

> 힘(권력)의 분배. 그것이 새 집단의 중심과제이다.

권위와 친밀감의 문제는 각 집단 구성원들에게서 매우 상이한 형태로 해결된다. 지도자나 집단의 조직구조에 관련된 구성원의 특징적 행동은 '의존적 행동'으로 기술된다. 우리는 모든 질문이 주어질 때 지도자나 주어진 절차를 즉시 인정해 버리는 집단 구성원을 '의존적'이라고 기술한다. 반면, 권위나 권위 구조에 기본적으로 거부적 행동을 하는 집단 구성원은 '역의존적(반의존성)'이라고 기술한다. 개인적 관점은 이와 반대로 집단 구성원들의 상호 친밀감과 관계된 특징적 행동과 관련된다. 모든 집단 구성원에게서 상대적으로 높은 수준의 신뢰감을 얻기 전까지는 가만히 있지 못하는 집단 구성원을 우리는 '과 대인적'이라고 기술한다. 불안하게 다른 사람과의 모든 친밀감을 저지하고자 시도하는 집단 구성원들은 '역 대인적'으로 기술된다.

이러한 행동방식의 서로 다른 차이는 집단발달의 여러 단계로 구분된다. 새로운 집단에서는 '권력'의 분배가 주요 주제가 된다. 몇몇의 구성원들은 자신의 목적을 다른 사람에 대한 배려 없이 추구하면서 우월하려 한다(경쟁 행동). 또 다른 사람들은 의존성/역(contra-) 의존성의 문제를 침묵하거나 단념하거나 회피함으로써 해결하고자 한다(도피행동). 이 경우 갈등은 우선 불안하게 방치되거나 문제 해결을 집단리더에게 미루게 된다.

> 권위와 친밀감 사이의 균형이 어디에 있는가?

역 의존성의 단계에서 집단은 점차적으로 리더에 대한 의존성으로부디 자유로워지고 반내 의견이 나타난다. 짝이나 동아리도 만들어진다. 집단 구성원들은 점차적으로 상호 간 호불호의 문제를 다루게 되며 이어서 점차 불신이 허물어진다. 이제 초기 단계와의 차이가 분명해진다. 집단 구성원들 간에 훨씬 더 서로를 경청할 준비가 되었고, 상이한 목표기대를 인정하며 문제를 서로 돕는 방식이 존재한다.

서로 효과적으로 생활하기 위해서 그리고 일할 수 있기 위해서 집단이 도달해야 하는 단계를 우리는 '상호의존성의 단계'라고 표기한다. 상호의존성은 집단 구성원들이 완전히 이기적인 독자성의 자세나 또는 집단리더에게 아니면 다른 집단 구성원에게 완전히 의존하는 것을 포기함을 의미한다. 누구나 자기의 역할과 업무를 발견하고, 자신의 욕구와 능력을 가지고 집단의 목적에 기여하는 것이 가능해진다.

상호의존성은 곧, 완전한 '독립성'은 아니다. 이것이 말하는 것은 집단 구성원들이 실제적으로 필요한 경우 의존성을 인정하는 것을 학습하였다는 것이다. —서로에게서 영향을 주고받는다는 것을 인식하기 때문이다.

집단이 갈등을 극복하는 방식은 집단의 통합 수준을 나타낸다. 어떻게 상호의존성의 경로가 집단의 갈등 해결방식을 통해서 기술될 수 있는지 우리의 **상호의존적 척도**를 통해서 측정할 수 있다.

의존성/역 의존성, 무시

집단의 문제와 갈등은 무시되고 불안으로
굳게 침묵되며 또는 인식되지 않는다.

억압

의견 차이가 있을 때는 '다수결의 원칙'이 유효하다. 결정할 문제는
투표를 통해서 해결된다. 소수의 의견은 억압된다.

동의

집단의 결속이 강조되고 리더는 사람들이 조건 없이 그를 따르도록
시도한다. 사람들은 모든 경우에 일치를 얻고자 한다.

타협

욕구 차이가 있을 때는 집단을 유지하기 위해서 양보가 일어난다. 그러나
이러한 타협은 비밀스럽게, 속으로는 흡족한 해결책이라고 느껴지지 않는다.

동맹

상반된 입장들은 변경되지 않고 남아 있지만 사람들은 서로 공동으로
인정할 수 있는 목적에 도달하기 위해서 제한된 시간 동안 동맹을 형성한다.

통합

갈등의 의견 차이 또는 상이한 목표연상은 자주 충분히 다루어지고 토론된다.
집단 구성원의 흥미는 서로 공동으로 비중 있게 디루어지고
새롭게 정의되며, 모두가 만족할 만한 문제 해결을 위해서 작업된다.

상호의존성

주고받기

권력과 사랑의 분배는 집단의 중요한 문제이다. 그리고 이에 맞게 집단 구성원들은 의식적으로 또는 무의식적으로 이 문제에 주목한다. 점차 애착, 혐오감, 영향력, 지지 또는 반대 등의 관계망이 형성된다. 이러한 관계의 그물망은 일정한 시간이 지난 후엔 비교적 견고하게 남게 된다. 그러면 우리는 가령 2명의 집단 구성원이 명백히 하나의 단단한 공감적 동맹을 형성한 것을 관찰하게 된다. 반대로 다른 2명은 계속해서 싸우고 있는 것도 보게 된다.

관계망의 구조는 대부분 무의식적으로 남는다. 우리는 왜 우리가 그것을 말하는지(어떤 정서가 그 이면에 숨어 있는지) 말하기보다 무엇을 서로에게 말하는지 주목하는 것에 더 익숙해져 있다.

무엇은 근본적으로 왜로부터 영향을 받기 때문에 대화와 업무 과정의 바탕이 되는 이 관계망을 의식적으로 알아내는 것은 집단을 위해 매우 중요하다.

게임 다음 게임은 이러한 집단 내의 관계를 분명히 해 주는 데 적당하다.

게임 전에 다음과 같은 안내를 하는 것이 좋겠다. 이 게임을 진지하게 생각하라! 이미 앞에서 말한 바가 있듯이 우리는 강한 정서들을 억압하거나 부인하는 경향이 있다. 그래서 바로 권력과 사랑에 대한 욕구가 인간의 기본정서이기 때문에 게임 참여자들은 아마도 이 게임이 정말 얼마나 의미 없는 것인지 보여주려고 시도할 것이다.

> 관계의 구조를 발견하라!

그러나 현혹되지 마라. 당신은 반어적인 지적 또는 게임을 시니컬한 농담으로 전환시키려는 시도들을 그저 자신의 정서에 대한 인식 앞에서 도망치려는 시도로 해석할 수 있다.

즉, 당신은 흔들리지 말고 게임 규칙을 철저하게 엄수하는 데 주의하라!

게임 규칙

게임리더는 게임에 이어서 참여자들이 주고받기(give and take) 그리고 거부하기에서 어떤 감정을 느꼈는지 게임이 끝난 뒤 토론하게 된다는 점을 설명한다.

모든 게임 참여자는 1센트와 10센트 그리고 1유로 동전을 자기 앞 바닥에 놓는다. 게임리더는 사랑과 권력 그리고 이성의 삼각형을 설명한다. 참여자들은 이들이 이 삼각형의 어떤 꼭짓점을 집단 내에서 가장 많이 또는 가장 적게 그들의 구체적 행동 속에서 표현할 것인지 결정하도록 요구된다. 집단 참여자들은 이제 상징적으로 각 한 개의 동전을 그 가치에 상응하게 삼각형의 꼭짓점 위에 배열한다. 곧 가장 자주 표현하게 될 행동방식은 1유로로 상징화될 것이다.

게임리더는 동전들을 배열한 이유에 대해서 게임 참여자들이 차례대로 집단에 표현하도록 요구한다. 게임 참여자와 게임리더는 이를 위해 원으로 둘러앉는다. 세임리더의 왼쪽에 앉은 게임 참여자가 먼저 시작을 하고 게임은 시계방향으로 진행된다. 게임이 진행되는 동안에 각 게임 참여자들은 오직 이해를 구하는 질문으로만 게임을 멈추게 할 수 있다.

다음 게임 라운드에서 참여자들은 침묵하면서 정서적 연결을 시도할 수 있다. 게임 참여자들은—그들 자신의 상징적 일부로서—한 개 또는 그 이상의 동전들을 다른 집단 구성원에게 주어야 할 것이다. 이때 모든 사람이 누구에게 얼마나 많은 동전을 주는가는 각자의 자유이다. 또한 한 푼의 동전도 나눠 주지 않을 수 있다. 아니면 모든 동전을 동일한 한 명에게 넘겨줄 수도 있다.

각 게임 참여자는 자신이 받은 동전을 자기 앞 바닥에 놓는다.

다음 라운드에서 이제 각 게임 참여자는 차례대로 어떻게 그리고 왜 자기의 동전을 다른 사람에게 주었는지 설명한다. 정서적 연결의 의미를 보여 주기 위해서 게임리더는 게임 참여자들에게 자신이 동전을 나눠 줬던 게임 참여자 앞에 앉도록 요구한다. 설명을 위해 게임 참여자는 관련된 게임 참여자에게 직접 말을 건넨다("왜냐하면…… 내가 당신에게…… 주었어요."). 그리고 이때 시선접촉을 유지하도록 해 본다.

이어서 가장 많은 동전을 얻게 된 게임 참여자가 동전을 얻게 됐을 때 느낀 자신의 감정에 대해서 표현한다. 그다음 두 번째로 많은 동전을 얻은 게임 참가자가 자신의 감정에 대해서 표현하는 것을 계속한다, 등등. 마지막으로 동전을 전혀 얻지 못했던 게임 참여자가 자신의 감정을 나타낸다.

계속해서 모든 집단 구성원들은 1분 동안 침묵하면서 지금까지 말한 것에 대해 다시 한번 생각한다. 그다음 게임리더는 전반적인 전체 토론을 개시한다. 이 토론은 이 게임의 중요한 부분이어서 무조건 수행해야 한다!

집단 규범

서로 다른 평가자들이, 예를 들어 인사부 과장들이 동일한 후보자에게서 완전히 서로 다른 인상을 받았다는 것이 확인되었다.

이유는 평가자들이 개인적 호불호로부터 완전히 자유로울 수 없다는 것이다. 또한 놀라운 사실은 평가를 받는 사람들도 다양한 면접관들을 상대로 실제 서로 다르게 행동할 수 있다는 것이다. 그래서 가령 인간의 성격 특징들과 관련하여 어느 특정 행동으로부터 결론지으려는 것은 의미가 없을 수도 있다. 시험 장면의 교수에게는 공손하고 주의력이 깊은 그의 졸업시험 응시자가 과격 시위대의 참가자라고 상상하는 것은 쉬운 일이 아니다. 인간의 행동은, 곧 자신의 동기나 환경의 행동에 의해서만 좌우되는 것이 아니라, 어떤 특정한 상황에서 행동되어야 하거나 행동해도 되는 것에 대한 자신의 상상에서 결정된다.

가령 그 유사한 것이 집합공동체로서의 집단에 해당된다. 우리는 누구나 무의식적인 욕구가 있다는 것을 배웠다. 즉, 그 욕구들은 최소한 무의식적으로 숨기고자 하는 것들이다. 곧, 누구나 어떤 특정한 것을 자신에게서 멀리하려는, 그리고 더는 의식적으로 떠올리고 싶지 않은 무의식적인 관심사를 갖고 있다. 또한 집단 내에도 어떤 것에 대해 더 이상 말할 필요가 없는 암묵적 합의가 존재하는 그런 특정한 것들이 있다.

집단은 공존하는 과정 중에 그 집단 내에서 허용되고, 허용될 수 없는 것에 대한 특정한 규칙을 발달시킨다.

이러한 규칙은 대부분 무의식적으로 사용된다. 예를 들어, 기업의 작업집단 내에는 오직 이성적으로만 논증하고 개인적인 관계에 대해서는 말하지 않는 암묵적 합의가 지배한다. 친목모임에서는 아마도 시간이 경과하면서 어떤 특정한 정치적 주제는 이야기하지 않는다는 것을 학습했을 것이다. 그렇지 않을 경우 모두가 머리채를 쥐어 잡고 싸우게 될 테니까 말이다. 가족 내에서는 어쩌면 딸의 흑인 학우들에 대한 우정에 대해서는 이야기하지 않는 터부가 존재할 것이다.

관련된 사람이 분명히 생각한 적도 없이 이러한 또는 유사한 규칙들이 집단 대부분의 구성원에게서 지켜질 것이다. 이러한 규칙들이 비교적 견고하고 지속적이라면 우리는 그것을 '집단 규범'이라고 부른다. 암묵적 집단 규범 또한 당연히 외형적으로도 존재할 수 있다. 아직 그렇게 오래되지 않은 시기에, 예를 들어 귀족적, 한자 동맹 시절 같은 회계

> 우리가 무엇을 해야 하고 무엇을 해도 되는지에 대한 무의식적인 상상이 우리의 행동을 규정한다.

사무실에서는 직원들이 한여름에도 재킷을 입고 넥타이를 풀지 않는 것이 일반적이었다. 누군가 이 암묵적 합의에 대해 위반할 경우는 하얀 까마귀가 나타난 것과 같은 그런 파격적인 사건이 될 것이다. 그 경우 집단은 대부분 그런 이방인을 추방하거나 또는 그에게 책임을 상기시킬 준비가 되어 있다.

집단에서 통용되는 대화 규범을 위반할 경우에는 제재 또한 무의식적으로 사용될 것이다. 사람들은 단순히 화자의 말을 못 들은 척하거나 또는 재빨리 다른 주제를 발견하려고 노력한다.

규범은, 즉 한 집단의 상호작용 행동에 매우 현저한 영향을 미친다. 누가 누구에게 언제 어떤 방식으로 이야기하는가는 그 당면한 대화의 내용에 의해서만 좌우되는 것이 아니고 오히려 근본적으로 집단 내에서 굳어진 무의식적인 규범을 통해서 결정된다.

"여기서는 내가 나의 개인적인 소망과 감정을 말해서는 안 돼. 여기서는 우습게 보이는 것은 금지야! 여기서는 상관에게 저항해서는 안 돼!" 이러한 그리고 비슷한, 곧 내가 특정한 상황에서 행해야 하거나 행해도 되는 것에 대한 상상이 바로 흔히 문제를 공개적으로 이야기하고 해결되도록 하는 것을 저지한다.

평가　당신의 집단 구성원들은 어떤 방식으로 서로 상호작용을 하는가? 어떤 규범이 집단의 상호의존성과 공개적 대화를 저지하거나 또는 촉진하는가?

다음의 **집단 규범**에 대한 **평가표**를 이용해 당신의 집단을 평가해 보라.

관계 규범

누가 누구에게 이야기하는가?

누가 누구 옆에 앉는가?

누가 조언을 구하는가?

누가 제안을 하는가?

누가 순서를 정하는가?

누가 무시되는가?

누가 기피되는가?

누가 보호받는가?

누가 가장 많이 이야기하는가?

누가 가장 적게 이야기하는가?

상호작용 규범

분노가 표현되는가?

어떤 것이 무시되는가?(금기)

대화발언이 얼마나 사무적이어야만 하는가?

욕구 규범

소망들이 공개적으로 이야기되는가?

지배력에 대한 욕구들이 이야기되는가?

애정에 대한 욕구들이 이야기되는가?

정서 규범

기쁨이 표현될 수 있는가?

크게 웃을 수 있는가?

지루함과 절망을 표현해도 괜찮은가?

애착이 표현되는가?

혐오감이 표현되는가?

처벌 규범

집단 규범을 위반할 경우에는, 어떤 행동방식(언어적 및 비언어
적)이 존재하는가?

무의식적인 집단 규범이 집단행동에 강력한 영향을 미친다. 집

단 내에 중요한 문제나 욕구 또는 정서에 대해서 이야기하지 않는 암묵적인 합의가 있을 경우에 그 집단에는 진정한 의미의 통합은 일어나지 않을 것이다.

이 제한적 상호작용의 속박을 다음과 같은 집단 게임을 통해서 해결할 수 있다.

게임 속박을 풀으라!

당신의 집단에 '집단 규범에 대한 평가표'(183쪽)를 제시하고 그것에 대해 설명하라. 현재 집단 내에 어떤 규범이 존재하는지 그리고 집단 구성원들이 그것을 긍정적으로 또는 부정적으로 체험하는지에 대해서 토론하게 하라.

집단 구성원들에게 그들이 집단 내에서 스스로 어떤 규범을 실현했는지 곰곰이 생각해 보게 하라. 그런 다음 모든 집단 구성원들은 집단에 대해 갖고 있었던 바람들이지만 집단 규범 때문에 아직 실현을 감행하지 못했던 그 바람들을 메모지 위에 적는다("나는 그 지겨운 하인즈에게 한번 크게 소리 지르고 싶다. 그러나 집단 규범이 지금껏 가죽장갑 낀 손이 치는 것을 저지했다.").

이제 집단 구성원들에게 차례차례 각자의 희망을 이야기하고 아울러 지금까지 바람을 실행시키는 것을 저지했었던 집단 규범을 말하게 하라. 그다음 집단 구성원들은 이제 여기에서 그 바람을 행위로 옮기는 것을 실행해야 할 것이다. 물론 그것은 먼저 관련된 사람들의 동의를 구해야만 한다.

잘못 설정(프로그래밍)되었나

특정한 상황에서 어떻게 행동해도 되는지 그리고 해야만 하는지에 대한 상상이 나의 행동과 다른 집단 구성원들의 행동에 영향을 미친다. 이러한 상상은 유사한 상황에 있었던 과거 경험의 결과이다. 이 상상들은 내가 낯선 집단과 접촉하게 될 때에도 역시 이미 존재하고 있다.

과거의 체험을 통해서 나는 스포츠단체에서는 기원과 달리 다른 톤이 어울린다는 것을 안다. 그리고 그에 맞게 태도를 취한다. 즉, 새로운 집단이란 처음부터 '백지상태'는 절대 아니다. 집단 구성원들은 많든 적든 곧 '사전 설정'된 것이다. 이 사전 설정이 현존하는 집단 규범에 근본적인 영향을 미친다.

사람들은 때때로 '설정이 잘못되었었다'는 체험을 하기도 한다. 종종 허용적인 말 한마디가 모든 것을 해결한다. 그리고 전 집단의 행동이 한 번의 킥으로 개방적이 되고 신뢰롭게 되기도 한다. 허용된 행동에 대한 잘못된 상호 기대는 잘못된 규범이 되고 집단을 방해한다.

> 당신의 행동 프로그램을 바꾸래!

동일한 것이 두 사람의 관계에도 똑같이 작용한다.

다른 사람과의 어울림에서 항상 적절하게 사전 설정되어 있다고 확신하는가?

연습 여기 12개 행동 영역 목록과 10개의 지인들에 관한 목록을 구성해 놓았다. 지금 지인들 목록을 차례차례 검토해 보라(당연히 다른 지인들이나 관련 집단들을 여기에 대입해 볼 수 있다). 제시된 이 12개 영역에서 당신의 관계가 본래 희망했던 것과 동일한지 검토해 보라.

그리고 원했던 행동과 실제적 행동 사이의 차이를 한번 살펴보라. 다음 그 차이에 점수를 부여하라('매우 좋음'에 '1점' '불충분함'에 '5점'). 다음 이 개개의 점수들을 더하라. 불리한 결과를 얻었다면 어떤 규범이 지금까지 방해 작용을 했었는지 곰곰이 생각해 보라. 그것들이 지인들과 만족스럽지 못한 관계를 갖도록 했었을 것이다. 당연히 당신의 요구와 기대가 개개 행동 영역에서 실현되었는지 곰곰이 생각해 보아야 한다.

예시

당신은 상관을 상대로 정당한 이유가 있을 때 개방적으로 비판점을 표현하고 싶어 한다. 실제적인 행동은 그러나 그를 상대로 대부분의 상황에서 명백히 친절하기만 하다.

행동 영역

관련 지인:

	점수
개방성	
개인적 접촉	
정서	
애착(사랑)	
신뢰	
유머	
분노	
토론	
이의제기(반대)	
비판	
감탄	
협조	

가능한 지인들(관련된 사람)

아들, 친구, 여자친구, 아버지, 상관, 남자친구, 고객, 부부상담자,
우편배달부, 동료, 이웃

소망된 행동과 실제적 행동의 차이를 거의 만족스럽지 못한 것
으로 느낀다면 '4점'을 준다.

이와 반대로 관련인에게 소망대로 매우 유머러스하게 행동해도
된다는 감정을 느낀다. 그리고 실제 행동이 그것을 충족시킨다. 이
때는 '1점'을 준다.

새로 형성된 집단들은 시작 시기에 대부분 매우 조심스럽게 보
살펴진다. 최대한 공손하고 서로에게 친절하며 또는 의심되는 경

우에는 차라리 침묵하는 방식으로 보살핀다. 집단의 구성원들은 먼저 자신의 정서를 억제하고 가능한 분노를 숨기는 데 우선적으로 집중한다. 이때의 무의식적인 규범은 "너는 내게 아무것도 하지 마라. 그러면 나도 너에게 아무것도 하지 않을게!"와 같은 것이다.

이러한 상호적 기대행동의 방식이 또한 대부분의 집단이 통합되는 데 비교적 오랜 시간이 걸리도록 만드는 원인이기도 하다.

만약 초기에 개개 집단 구성원들이 가진 무의식적인 규범(내가 여기서 무엇을 하고자 하지? 내가 기꺼이 무엇을 하고 싶지? 내가 여기서 무엇을 해도 되는 것이지?)이 개방적으로 드러나도록 도울 수 있다면 이러한 과정이 축소되도록 촉진할 수 있다. 당신은 불필요한 불신을 처음부터 방지할 수 있다. 상호 간의 목적은 더 개방적으로 되고, 이와 함께 원래는 원인이 불분명하게 남아 있었던 행동방식에 대한 이해가 더 성장할 것이다.

새로 형성된 학급, 업무 팀, 평생교육 강좌, 동아리 그리고 거주 공동체들이 이러한 행동방식에 적합하다.

검사 기대 분석

당신은 먼저 모든 집단 구성원에게 다음의 질문에 대해서 스스로 지면에 답하게 하라.

> 1. 나는 여기서 무엇을 원하는가(나는 이 집단에 대해서 어떤 기대를 갖고 있는가)?
> 2. 내가 여기서 무엇을 해도 되는가(나는 이 집단에서 나의 기대를 충족시킬 수 있다는 느낌이 드는가)?

이제 숫자를 세어서 3명 또는 4명의 집단을 형성하라. 이 작은 집단들은 표현된 각각의 기대들을 한 장의 커다란 전지 위에 공동으로 기술하는 과제를 받는다(그래서 중복 표현이 나타나지 않도록).

마찬가지로 각 기대들의 중요성에 대한 서열 목록을 구성할 수도 있다.

이 작은 집단에서 기대 목록이 구성된 이후에(대략 30~40분의 소요시간) 그 목록들을 공개적으로 제시하고 토론한다.

이어서 모든 참가자는 그들에게 이 기대 분석이 집단 내에서 서로 빨리 친숙해지는 데 도움이 되었는지 표현해야 할 것이다.

의도와 영향

"어느 여름날 밤 두 중년의 자매가 마을 언저리에 있는 그들의 작은 집 앞 베란다에서 흔들의자에 앉아 있다. 그들이 편안하게 흔들거릴 때 자매 중 하나는 작은 교회에서 연습하고 있는 합창소리를 귀 기울여 듣는다. 그 합창대는 그녀의 애창곡 중 하나를 부르고 있다. 그녀는 그 작은 교회의 화려한 유리 창에서 새어 나오는 불빛이 스미는 쭉 뻗은 거리를 바라보고 있다. 그리고 자매에게 말했다. '지금까지 들어 본

음악 중에서 가장 아름다운 음악이 아닐까?' 그녀의 오른쪽에 앉아 있는 자매는 그들 집의 그녀가 앉아 있는 쪽으로 나 있는 들판을 우

연히 바라보았다. 그리고 그때 어스름 속에서 귀뚜라미의 찌륵찌륵 소리에 귀 기울이고 있었다. 그녀는 무척 재미있어하면서 앞뒤로 몸을 흔들며 말했다. '그래, 아주 환상적인 음악이야. 아마 그들의 뒷다리를 서로서로 부비면서 만들어 내는 것이겠지'."

알 무어(R. Moore)의 이 작은 이야기는 우리에게 두 사람의 시각이 일치하지 않을 때 어떤 오해가 발생할 수 있는지를 잘 제시한다. 이 장에 있는 그림을 서로 다른 지인들에게 보여 주라. 그리고 이 그림이 무엇을 나타내는지 말하도록 하라. 같은 그림이나 2명의 얼굴이라고 하거나, 한편 하나의 꽃병을 보았다고 생각할 수 있는 그림이다.

종종 이 그림에서 그러한 것처럼 우리의 의도와 행위는 오해되고 또한 다른 사람들에게서 서로 다르게 해석된다. 사람들 사이에서 일어나는 가장 중요한 문제들 중 하나는 바로 내 의도와 다른 사람에게 미치는 내 행위의 영향 간의 관계에 관한 것이다.

우리는 동일한 행동이 상이한 사람들에게 서로 다른 영향을 줄 수 있다는 것을 안다. 사람들은 비교적 안정적인 행동방식을 갖고 있다. 그리고 그것으로 동일하거나 유사한 상황에서 반응한다.

시각의 차이가 관계를 방해할 수 있다!

한 사람은 성이 나면 분노로 반응한다. 다른 사람은 말없이 위축된다. 세 번째 사람은 아마 문제를 먼저 우는 것으로 해결하고자 한다. 그리고 이와 함께 신호를 보낸다. "나는 무력해! 너는 나에게 아무것도 해서는 안 돼!"

사람들이 우리의 행위에 대해서 상이하게 반응하는 것에는 그 이유가 있다. 그러나 이것은 이러한 개인적으로 상이한 행동양식 때문만은 아니다. 흔히 우리의 행위들은 곧 단순히 오해되기도 한다. 이것은 우리의 불분명한 표현방식에만 원인이 있는 것은 아니라는 것을 곧 보게 될 것이다.

모든 행위 뒤에는 특정한 의도가 있다. 나는 이 행위를 통해서 무엇인가에 도달하려고 한다. 그러나 오직 행위만이 '공적'인 천성이다. 오직 이것만을 모든 사람이 볼 수 있다. 그 아래에 놓인 의도들은 '사적'인 천성이며 그것은 해당 본인만이 우선적으로 아는 일이다. 예를 들어, 사적 의도는 상대에게 그를 얼마나 좋아하는지 보여주는 것이다. 공적 행동은 다음과 같다. 내가

    a. 그의 선물을 산다.

    b. 그를 식사에 초대한다.

    c. 팔을 그의 어깨에 올린다.

곧 나는 의도를 특정한 행위로 암호화하는 다양한 가능성을 소지하고 있다.

가정하건대 나는 애착을 선물을 사는 것으로 표현한다. 나의 상대는 거기에 숨어 있는 의도를 아마 알아차릴 수도 있을 것이다. 그러나 다음과 같은 생각을 할 수도 있다.

    a. '그는 내게 좋은 인상을 주려 한다!'

    b. '그가 내게 부담을 주고 싶어 한다!'

    c. '그는 내가 어제 그를 도와준 것에 대해서 감사하고 싶어 한다.'

이것은 행위를 '해독'하는 다양한 가능성을 의미한다.

요원들에 관한 소설에서 우리는 올바른 해독 열쇠를 소지하는 것이 얼마나 중요한지 안다. 송신인과 수신인이 동일한 코드를 사

용하지 않는다면 소식의 올바른 접수는 불가능하게 될 것이다.

개인적 해독의 양식은 상당 부분 어린 시절에 각인된다. 가족에게서 상냥함이나 따뜻함을 즉흥적이고 개방적으로 표현하는 것이 일상적이 아니었다면 우리는 사람들이 우리에게 팔을 걸칠 때 오해할 수 있다. 이 경우 그 제스처는 아마도 오직

> 올바른 코드는 상호 이해를 위해 필수적이다.

다음처럼 의미할 수 있다. "너를 높이 평가해. 너는 좋은 동료야." 반면, 우리는 "나는 너를 아주 좋아해. 너는 아주 멋져."라고 해독할 수도 있다.

사람들이 성장한 문화가 상이할수록 사용하는 해독 열쇠의 차이는 훨씬 분명해진다. 손을 잡는 일이 우리에게는 (대부분) 오직 호감을 표현하는 것이라면 스페인에서는 이 일로 벌써 약혼하게 된다.

즉, 의도가 항상 희망하는 결과를 가져올 것이라고 가정해서는 안 된다. 다음의 도표가 이것을 분명히 나타낸다.

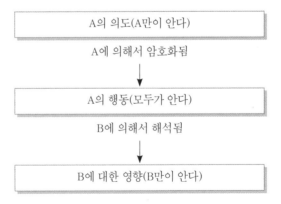

　　대부분의 사람이 상이한 코드를 사용하기 때문에 행위들은 유일한 항상적 의미를 갖지 않는다. 오히려 다의적이다. 그래서 상대방에게 종종 자신의 의도와 반응을 명백하고 분명하게 전달하는 것이 필수적이다. 그리고 다른 사람의 의도와 반응도 물어야 한다.

인터뷰 게임

우리가 다른 사람의 행동을 개인적 해독 열쇠로 해석하기 때문에 오해석에서 완전히 자유로울 수는 없다. 행동을 이유로 상대에 대한 점차적인 판단을 하게 된다면 그것은 종종 오판단으로 밝혀지게 된다. 우리는 상대의 의도와 견해에 대해서 내용을 충분히 안다고 생각해서 그의 행동을 예상할 수 있을 것이라 믿는다.

그러한 '대인관계적 지각'이 집단 구성원들의 상호작용에 매우 크게 영향을 미칠 수 있다는 것을 배웠다.

게임 다음의 집단 놀이를 통해서 집단 내에서 대인관계적 지각을 관찰하고 상호 간 편견을 수정할 수 있다. 이 게임은 집단 구성원들이 서로 상호적으로 더 잘 이해할 수 있도록 도울 것이다.

게임 규칙

각 집단 구성원은 2~3명의 다른 사람을 집단 내에서 선택한다. 그리고 이들에게 각각 한 가지씩 질문을 한다. 그 질문은 서면으로 구성한다. 또한 해당인으로부터 예상되는 답변 또한 지면에 작성한다!

이어서 각 집단 구성원은 차례대로 자신의 질문을 던진다. 이 질문은 낭독되고 관련된 사람은 그가 이 질문에 답변하고 싶은지 아닌지를 말한다. 해당인이 대답을 한 후에 미리 추정되었던 답변이 낭독된다. 이 추측에 대한 이유들이 서로 전달된다.

게임 변형

집단은 짝들을 형성한다. 짝의 선발 관점은 누군가 더 잘 알기를 원한다든가, 다른 사람과 의견 차이를 없애기를 원한다든가 등등이 될 수 있다.

다음, 대화 상대는 서로 질문을 주고받는다. 질문을 받은 사람은 질문마다 상대방에게 그가 그 질문에 대해서 어떤 감정을 느끼는지, 그리고 그 질문에 답변을 하고 싶은지 아닌지도 전달해야 한다. 질문에 답변이 주어지면 질문을 한 사람은 그 답변을 예상했었는지, 만약 아니라면 왜 아닌지에 대해서도 알려 준다.

다음에 집단은 집단 내에 있는 편견이 인터뷰 게임을 통해서 수정되었는지에 대해 논의한다.

다음 198쪽에는 인터뷰 게임에 사용될 수 있는 문항이 실려 있다. 문항은 친숙도의 수준에서 서로 상이하다. 또한 당신 스스로 떠오르는 질문도 할 수 있다. 이때 친숙도 수준을 변경해 보라. 상대의 친숙도에 대해서 또는 신뢰수준에 대해서 어떤 욕구를 가지고 있는지도 검토해 보라. 그리고 상대방이 어떤 질문에 답변하고 싶어 하지 않는지 거기에 대해서도 주의하라. 당신은 스스로 답변할 수 있을 것 같은 질문만을 제기하라!

사람들과 함께 있을 때 무엇이 당신을 가장 화나게 합니까?

무엇이 당신을 가장 재빨리 혼란스럽게 합니까(이성을 잃게 합니까)?

당신 자신에게서 무엇이 가장 화가 납니까?

가장 최근에 당신은 어떤 상황에서 거짓말을 했습니까?

당신은 직업과 관련해서 어떤 목표를 위해 노력합니까?

사적인 삶에서 당신은 어떤 목표를 위해서 노력합니까?

당신 생각에 이성은 당신의 어떤 점을 가장 매력적이라고 봅니까?

당신은 당신의 무엇이 가장 덜 매력적이라고 봅니까?

당신의 특별한 능력은 어디에 있습니까?

당신은 감정을 다른 사람에게 개방적으로 표현할 수 있는 능력이 있습니까?

당신은 나를 어떻게 느낍니까?

어떤 감정을 가장 통제하기가 힘듭니까?

당신 부모와 관계가 좋습니까?

사랑과 성은 당신에게 어떤 관계가 있습니까?

당신은 좋은 학생이었습니까, 나쁜 학생이었습니까?

당신은 사랑과 관련해 정절에 대해 어떻게 생각합니까?

오늘 당신은 마음속에서 무엇에 가장 많이 주목하였습니까?

다른 사람에게 쉽게 접촉할 수 있습니까?

열등의식이 있습니까?

상담의 기술

문제 해결을 위해서 다른 사람을 돕는 것은 아마 가장 어려운 대화의 과제일 것이다. 다른 사람에게 조언을 할 경우 흔히 우리는 자신을 너무 강하게 그 문제에 동일시하는 경향이 있다. 그러면 다른 사람이 진정으로 무엇을 원하는지 파악되지 않고 오히려 우리 자신의 동기를 거기에 개입시키게 된다.

> 진정으로 돕는 대신에 우리는 종종 우리의 확신을 강요한다.

예를 들어, 우리의 이웃은 조언을 구하고 있다. 그의 아들이 최근 숙제를 하는 데 매우 게으르기 때문이다. "당신은 애를 좀 세게 다루셔야겠어요!" 이것은 아마도 즉흥적인 조언일 것이다. 원래 우리 이웃은 아들에게 압력을 행사하지 않으면서 어떻게 아이를 동기화할 수 있는지 기꺼이 알고자 했었을 텐데……. "당신은 애를 좀 세게 다루셔야겠어요!" 이 말 뒤에는 우리의 이웃이 아이를 너무 무르게 양육하고 있다는 확신이 바탕이 되었을 수 있다.

이와 동일한 주관적인 해석방법은 곧 우리가 다른 사람을 진정으로 조언하는 것이 아니라 오히려 무의식적으로 우리 자신의 확신을 강요하는 결과가 될 수 있다. 상담의 의미는 조언을 구하는 사람에게 지지를 통해서 그리고 방법론적인 도움을 통해서 그가 자신의 문제를 보다 너 살 다루고 문제 해결을 위한 구체적인 결정을 스스로 할 수 있는 가능성을 제공하는 일일 것이다.

상담자는 조언을 구하는 사람의 상황을 있는 그대로 인정해야만 한다. 상담자가 심리치료자 역할을 해서는 안 될 것이다. 또한 다른 사람을 변화시키기 위해서 시도할 필요는 없다. 오히려 오직 그가 그의 문제를 더 잘 통찰할 수 있도록 도울 필요가 있다.

상담자의 근본적인 문제는 조언을 구하는 사람의 이야기가 아니라 자신의 질문방향으로 대화 진행을 몰고 가는 것에 있다. 이것이 문제에 대한 통찰이 생기기보다는 오히려 혼란스러워지는 결과가 되고 만다. 다음과 같은 (3단계)과정이 상담대화에서 항상 엄수되어야만 할 것이다.

사실의 확인

기초가 되는 사실과 상황에 대한 관점이 수집된다. 관련된 사람들이 가지고 있을 가능한 동기가 탐색된다. 조언을 구하는 사람에게 문제의 조건들이 분명하게 인식되어야 한다.

문제의 진단

문제는 공동으로 명료하게 정의한다. 문제의 정의는 동기와 그리고 목표의 관점을 포함한다. 즉, 무엇이 도달되어야 하는지 그리고 왜 그것이 도달되어야만 하는지 정확하게 구성하는 것이다. 이때 사람들은 흔히 조언을 구하는 사람의 진정한 문제가 원래 생각했던 것과 다르다는 것을 확인하게 된다.

결정 내리기

기대되는 목표로 이끄는 행동을 명확하게 결정한다. 곧, 조언을 구하는 사람에 의해서 내려진 결정이 이성적으로 그리고 또한 정서적으로 수용 가능한 것인지 다시 한번 검토한다.

작업집단에서 문제 해결의 과정으로 조언을 찾고 또 조언을 주는 것은 의사소통의 빈번한 그리고 중요한 형태이다. 상담자(도움을 주는 사람)의 좋은 의도는 종종 조언을 구하는 사람에게 효과가 있을 것이라고 그가 생각하는 한 무더기 해결책의 제안을 통해서 표현된다. 그러나 이러한 해결책의 제안은 조언을 구하는 사람에게 수동적인 역할을 강요한다. 게다가 그것은 대부분 성급한 제안의 경우에 상담자나 조언을 구하는 사람에게 문제의 크기가 제대로 인식되지 못하고 문제가 불분명하게 정의되는 결과가 되기도 한다.

그래서 상담자(도움을 주는 사람)가 너무 쉽게 답변을 발견하게 될 경우 종종 문제의 원래 핵심은 전혀 이야기되지 않으면서 가짜 해결책에 도달하게 되고 말 것이다.

연습 이제 의식적으로 조언을 구하는 사람에게 질문의 기술을 통해서 문제 해결에 이르도록 시도해 보라.

이내 상남의 (앞의) 세 단계에 주의하라.

질문은 매 단계에서 다음처럼 제기되어야 할 것이다. 조언을 구하는 사람이 자기의 문제를 새롭게 구성하고 문제의 조건들에 주목하도록 요구한다. 오직 진정한 질문들을 던지라! 곧 그 질문들은 문제에 대한 간접적인 해결방법을 의미해서는 안 된다. 예를 들어서,

"당신이 도대체 할 수 없는 것이 무엇이죠?"와 같은 질문들 말이다.

아울러 조언을 구하는 사람이 스스로 문제 해결에 도달할 때까지 최대한 오랫동안 질문의 형태로 의사소통을 하는 것을 시도해 보아야 한다.

이제 집단 속에서 방법론적으로 상담의 기술을 연습해 보라.

가능하다면 가장 좋은 방법으로는 이를 위해서 3명으로 구성된 집단을 형성해 보라. 여기서 A는 조언을 구하는 사람, B는 상담자(도움을 주는 사람), C는 관찰자의 역할을 한다. 관찰자는 상담 기술에 대한 규칙이 엄수되는지 이어서 상담행동에 대한 피드백을 상담자(도움을 주는 사람)에게 주는 것에 주의해야 한다. 우리는 이를 위해서 관찰자를 위한 몇 개의 질문들을 조합했다.

상담 기술을 위한 질문들

조언을 구하는 사람의 행동이 해석되었는가?

문제의 관점이 (긍정적으로 또는 부정적으로) 평가되었는가?

조언을 구하는 사람이 상담자의 개인적인 동기에 의해서 칭찬되거나 비판되었는가?

적극적으로 경청되었는가, 이 말인즉슨 그저 (수동적으로) 침묵하는 것이 아니라 말해진 것이 반복되거나 또는 새롭게 재구성되었는가?

조언을 구하는 사람이 상담자가 인내하지 못해서 방해를 받았는가?

상담자에게서 부주의의 표시가 나타났는가?

사실관계가 언어로 표현되었는가? 또는 관련자들의 배경이나 동기의 탐색이 방치되었는가?

객관적 사실이 문제의 의미와의 관계 속에서 분석되도록 도움이 되었는가?

상담대화의 (앞의) 3단계가 엄수되었는가?

조언을 구하는 사람에게 만들어진 해결책을 제공하였는가, 또는 위협적인 조언들을 주었는가?

상담자가 도덕적인 훈계를 하였는가?

상담자가 조언을 구하는 사람에게 방어적으로 되거나 또는 위협적으로 느낄 수 있는 질문들을 던졌는가?

상담자가 이미 해명된 문제들에 관계하고 있는가?

상담자는 조언을 구하는 사람의 문제 해결에 적극적으로 관여하였는가?

대화의 저항을 허물기

"말! 말! 말!
당신의 말 때문에 내가 토할 지경이야!"

이러한 외침은 부부싸움에서만 일어나는 것은 아니다. 이것은 〈마이 페어 레이디〉라는 뮤지컬에서 일라이자 둘리틀이 한 대사이다.

그러나 다른 사람을 진정으로 이해하고 그의 문제를 해결하도록 돕는 데 있어서 무엇이 우리를 방해하는지 이보다 더 잘 표현할 수는 없을 것이다. 한마디로 말해서 우리는 너무 말을 많이 한다.

우리는 상대방을 위한 말의 의미를 너무 깊이 확신한다. 그래서 그의 행동을 제대로 이해하고 그의 말을 제대로 해석하는 데 시간을 너무 적게 쓴다. 진정으로 다른 사람이 말하는 것을 이해하기 전에, 다른 사람의 관점에서 그의 생각과 아이디어와 상상을 바라보고 그것과 관련되어 있는 정서와 소망을 이해하려고 시도하는 대신에 우리가 좋아하고 불쾌하게 생각하는 것에 대해서 표현하고 평가하고 판단하고자 하는 경향이 있다.

> 우리는 종종 제대로 이해하기 전에 주로 판단을 하곤 했다.

그러나 우리가 얼마나 많은 정보를 갖고 있느냐가 아니라 얼마나 많이 경청했느냐가 호소하는 대화 상대방에게 접근하게 한다.

한번 생각해 보라. 당신의 친구에게서 가장 높이 평가하는 것이 무엇인지.

당신은 친구들이 자기 조언을 가지고 당신의 의사를 무시하고

지나가지는 않는다고 느낀다. 오히려 당신의 문제에 대해서 마음
이 열려 있고 경청할 수 있다는 것을 안다.

　호프슈테터(P. Hofstätter)가 보고하기를 그는 집단 연구를 통해
서 아주 놀라운 발견을 했다. 집단 지도자는 가장 많은 정보를 갖고
있거나 명령을 하는 사람이 아니라 오히려 집단 구성원들로부터
가장 많은 정보를 받아들이는 사람이었다는 것을, 즉 가장 많이 경
청한 사람이라는 발견을 한 것이다.
　다른 사람에 대한 통찰과 경청의 능력은 체계적으로 연습해야
할 것이다. 먼저 다음의 세 가지 과제를 주목해 보라.

　연습　두 사람 또는 세 사람을 선택하라. 그 사람들은 날마다 관
계하는 사람들이고 사적인 일상이나 직업 속에서 중요한 사람들이
어야 한다. 모든 사람을 위해서 커다란 종이를 한 장씩 준비하라.
그리고 다음의 질문들에 대해서 답변하도록 하라.
　어떤 목표들을 이 사람들은 자기 직업에서 그리고 사적인 삶에
서 가장 중요한 것으로 여기고 있는가?

　　그는 무엇에 가장 관심 있는가?
　　어떤 문제를 갖고 있는가?
　　내게 중요한 것에 대해서 그는 어떻게 생각하는가?
　　나에 대해서 어떻게 생각하는가?
　　내가 어떻게 그를 가장 잘 도울 수 있겠는가?

　이 질문들에 대해서 가능한 한 상세하게 답변하라. 그리고 보다

더 정확하게, 그리고 보다 더 잘 다른 사람의 입장에 서도록 해 보라.

연습 신문이나 인터넷의 구직란을 한번 바라보라. 좋은 광고는 기업이 중심에 있는 게 아니라 직업에서 요구되는 것들이 중심에 있는 것이다!

좋은 또는 나쁜 구인 광고의 예를 한번 찾아보자. 그런 다음 자신을 한번 소개해 보라. 당신은 특정한 일자리에 지원한다. 자, 이제 좋은 지원서를 한번 구성해 보라. 이때 지원을 위해서 이 직업에 어떤 요구사항들이 제시되어 있는지 곰곰이 생각해 보고 이에 맞게 지원서를 잘 구성해 보라.

연습 가능한 한 추상적인 단어들의 목록을 조합해 보라. 예를 들어서 자유, 사랑, 협동 등등……

이 단어들에 대한 정의를 찾아보라. 그리고 그것을 가능한 한 정확하게 자신의 단어로 고쳐 쓰라. 이제 3명의 좋은 지인들을 선택해서 목록에 있는 이 단어들을 그들은 어떻게 설명할 것인지 한번 생각해 보라. 특히 당신과 당신의 지인들 사이에 있는 가능한 의견 차이에 대해서 생각해 본다. 그리고 이 연습은 지면으로 한다.

우리가 대화 상대의 의도와 행동을 더 잘 해석하기 위해서 노력하는 것처럼 우리는 자신의 의도와 행동이 해석되는 방식에 영향을 줄 수 있다. 의사소통의 방식으로 인해서 종종 대화 상대에게 경청의 태도를 갖게 하는 대신 방어 태세를 갖게 만들기도 한다.

우리의 대화 상대는 자의식에 위협감을 느끼게 될 경우 방어적으로 반응한다. 그는 대화의 주제 대신에 자신을 방어하는 데 엄청난

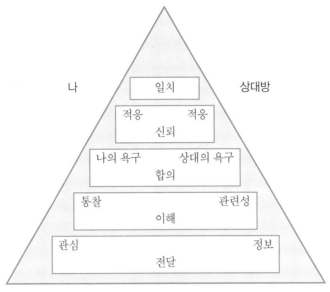

의사소통의 피라미드

양의 에너지를 사용하게 된다. 주제에 대해서 말하는 동안에 그는 어떻게 다른 사람에게 영향을 줄 것인지, 어떻게 가능한 한 보다 유리한 광채로 보일 수 있을 것인지 그것에 대해 계속 생각한다. 어떻게 승자가 될 수 있을지 그리고 어떻게 지배적인 위치에 설 수 있을지, 어떻게 좋은 인상을 줄 것인지 또는 어떻게 공격을 방지하거나 뿌리칠 수 있을 것인지에 대해서 그는 생각하고 또 생각할 것이다.

이러한 방어 자세는 우리가 전달하고자 하는 내용에 상대가 집중할 수 없도록 방해한다. 그는 너무 많이 무의식적으로 지각되는 자신에 대한 상대방의 공격을 방어하는 데 주목한다.

여러분을 위해서(209쪽) 6개의 대화 규칙을 구성하였다.

이 규칙들을 엄수하기 위해 시도해 보라. 이런 방식으로 말로 상

대방의 자의식을 공격하는 것을 방지할 수 있고 방어적이고 불신
적인 대화 분위기를 감소시킬 수 있을 것이다.

6개의 대화 규칙

1. 평가하는 대신 서술하라

'잘함' 또는 '나쁨'과 같은 비난이나 평가 또는 다른 사람에 대한 도덕적 판단은 대화 상대를 조심하게 하거나 예상되는 공격에 방어를 하게 만든다. 평가하는 표현방식 뒤에는 상대방이 행동을 바꿔야 한다는 말로 표현되지 않은 요구가 있다. 이와 반대로 정서와 체험에 대한 그리고 인식한 것에 대한 단순한 전달은 다른 사람에게 스스로 자신의 입장을 성찰할 수 있는 가능성을 준다.

2. 통제하는 대신 문제에 집중하라

대부분의 사회적 상황에서 항상 한 사람은 다른 사람을 지배하려고 한다. 다른 사람에게 영향을 주려는 모든 시도는 그러나 상대가 잘못된 태도를 갖고 있거나 잘못 행동하고 있다는 전제를 바탕으로 한다. 표현하지 않더라도 영향을 끼치려는 표현방식 뒤에는 청자가 정보가 없거나 비성숙하거나 또는 스스로 결정하지 못한다는 가정이 바탕에 있다. 그러나 이와 반대로 문제 중심적인 표현방식은 우리가 아직 우리 스스로 문제의 특정한 해결방법이나 정해 놓은 생각이 없다는 것을 인식하게 한다. 그래서 이것은 함께 협조하고 대화 속에서 공동으로 문제를 해결하고 싶은 욕구가 일게 한다.

3. 전략적인 대신 즉각적으로 반응하라

그 누구도 숨겨진 설정 목표의 희생자가 되고 싶지는 않다. 의식적으로 특정한 정보를 숨기거나 진정한 의도를 공개적으로 표현하지 않는 집단 구성원은 상대에게서 분노와 다른 사람을 비밀스럽게 조종하고자 하는 대화 태도를 생산한다. 이와 반대로 사람들이 화자가 말하고 있는 것이 그가 진정으로 생각하고 있는 것이라는 인상을 받게 된다면 그것은 다른 사람에게도 마찬가지로 보다 더 개방적 태도를 갖게 한다.

4. 중립적인 대신 공감적으로 반응하라

대화 상대는 고유한 욕구와 목적을 가진 개인으로서 그리고 존중과 호감을 받는 파트너로서 진지하게 대해 주기를 원한다.

아주 적은 정서적 함량의 거리감 있는 표현방식은 몰이해와 방어를 생산한다. 이와 반대로 화자가 청자의 문제와 자신을 동일시하거나 그의 감정을 함께 나누고 수용하고 있음을 전달할 때 청자는 화자를 인정할 마음의 준비를 갖게 된다.

5. 우월한 대신 공평하라

누군가 다른 사람에게 그의 위치로 말미암아 또는 영향력, 부, 지적 능력, 신체적 능력 아니면 그 어떤 방식으로든 그가 우월하다는 암시를 줄 때 그는 다른 사람을 방어하게 만든다. 상대는 그가 '무시'되거나 억압되거나 또는 무의식적으로 화자와 경쟁 속에 들어가거나 아니면 질투하게 된다. 누군가 다른 사람이 우월감을 느끼고 있다는 것을 인식하게 할 때 사람들은 공동의 작업이나 참여적 대화에 실제적으로 전혀 관심 갖지 않는다. 이와 반대로 사람들이 암묵적으로 인식하게 되는 공평함은 소질과 능력과 다른 사람의 지위와 관련하여 거기에 큰 의미를 두지 않는 것을 표현한다.

6. 형식적인 대신 감흥적으로 반응하라

이미 모든 답변을 알고 있는 그런 사람, 그 어떤 부가적인 정보도 필요하지 않는 사람, 자신의 견해로 독단적이고, 자신을 고정된 규칙과 일정에 확고히 맞추는 사람, 이런 사람들은 자신과 일치하지 않는 다른 사람에게는 거의 관대하지 않다. 그런데 이와는 달리 우리가 구습적 사고를 벗어나서 다른 사람의 정보와 도움을 수용할 준비가 되어 있음을 보여 준다면, 협동을 위한 다른 사람의 준비도도 함께 상승한다.

신체언어

　지금까지 대부분 집단의 언어적 의사소통에 대해서 이야기하였다. 다른 사람으로부터 받아들이는 많은 정보를 우리는 비언어적인 경로를 통해서 받는다. 많은 사람이 자신의 진정한 정서를 숨기는 경향이 있기 때문에 또는 그의 감정을 스스로도 잘 의식하지 못하기 때문에, 만약 우리가 '신체언어'를 통해서 정보를 받아들이는 것을 배우기만 한다면 아마 다른 사람을 훨씬 더 잘 이해할 수 있을 것이다.

　신체언어는 종종 훨씬 더 정직하다. 왜냐하면 우리가 우리 문화영역에서 신체를 언어보다 덜 통제하기 때문이다. 심리치료자에게 남편을 사랑한다고 말하는 한 여자가 이때 자신의 머리를 흔드는 것이 그에 대한 한 예일 것이다.

이성을 잃는 것, 쓴 표정을 짓는 것, 이마를 들이대는 것, 귀를 꼿꼿이 세우는 것, 코에 주름을 잡는 것 또는 척추를 세우는 것 등등. 그리고 이러한 비슷한 속성들이 바로 신체언어에도 무의식적인 그리고 많든 적든 그것에 대한 확실한 규칙이 존재한다는 것을, 또한 사람들이 정서를 말없이 어떻게 표현하는지를 보여 준다.

우리는 또한 비언어적인 신호에 대해서 흔히 별생각 없이 반응한다. 아주 좁은 보도 위 반대쪽에서 한 남자가 우리에게 걸어오고 있다. 말할 필요 없이 우리는 서로 피해서 옆으로 지나간다. 어떤 방향으로 피해야 할 것인지 아무도 의식적으로 생각하지 않았다. 그러나 신체언어는 그런 신호를 주었다.

> 신체언어에도 일정한 문법이 있다.

이러한 신체언어는 때때로 불분명하다. 그런 경우에는 두 사람이 다 같은 방향, 왼쪽 또는 오른쪽으로 걷는다. 그리고 미안한 듯 서로에게 미소를 짓는다. 그런 다음 서로 옆으로 비켜 간다. 신체언어 속에도 곧, '더듬거림'이 있는 것이다.

> 신체언어가 무의식을 드러낸다.

우리는 자신의 정서에 대해서 의식하는 것이 얼마나 중요한 것인지 보았다. 그것이 집단 내에서 우리의 의사소통과 다른 사람에 대한 우리의 행동에 영향을 준다. 그래서 상징언어로서 신체언어를 이해하는 것을 배워 보자.

제스처와 움직임이 무의식과 숨겨진 정서를 드러낸다.

이 단원에서는 무의식을 분명하게 드러내는 신체의 전형적인 상징에 대해서 다루게 된다. 상징의 의미에서도 또한 우리가 환경을 객관적인 것이 아니라 주관적인 것으로 인식한다는 기본원칙이 유효하다. 더욱이 사람들의 아주 단순한 비언어적 표현, 즉 아주 분명하게 정의할 수 있을 만큼 잘 알고 있다고 생각하는 그런 단순한 비언어적 표현조차도 종종 우리를 오해로 이끈다.

연습 다음에 그려진 4개의 형태를 한번 바라보라. 그리고 각 형태들이 이 자세를 가지고 무엇을 표현하고자 하는지 생각해 보라. 다만 이때 각 형태들에 대해서 속성을 나타내는 단어들만을 사용하라.

이 형태들의 자세에 대해서 어떻게 해석하였는가? 288쪽 부록에서 다른 사람들은 이것에 대해 어떤 해석을 하였는지 읽을 수 있다.

이 해석의 몇 가지는 당연히 서로 닮아 있다. 그러나 각 형태에 때로 한 척도의 모든 서술이 표현될 만큼 완전히 현저하게 차이가 나는 표현이 함께 있음을 보게 된다. 예를 들어서, B 형태는 '자유분방함'으로 체험되기도 하고 어느 경우에는 '분노함'으로 체험되기도 한다.

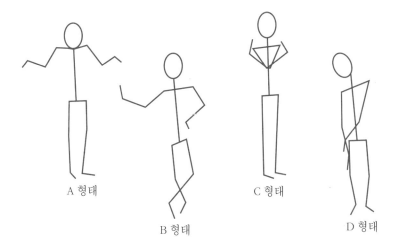

A 형태

B 형태

C 형태

D 형태

향후 보다 더 강하게 집단 내의 비언어적 신호에 대해서 주의한 다면 이러한 관찰은 우리에게 다른 사람을 더 잘 이해하는 데 도움을 줄 수 있다. 물론 다른 사람과 서로 이야기하지 않고 단순히 침묵하면서 해석만 하면 안 된다.

빽빽한 엘리베이터나 지하철 속에서 다른 사람 옆에 서있어야 할 때를 보자. 당신은 대부분 자동적으로 아주 특정하고 엄격한 행동 규칙을 따를 것이다. 몸에 힘을 주고 가능한 한 똑바로 설 것이고 어떤 경우에도 옆 사람의 그 어느 곳에도 접촉하지 않으려고 할 것이다. 그러나 옆으로 밀치거나 또는 당신의 근육을 한번 긴장시켜 보라.

이런 반응에 대해서 율리우스 파스트(Julius Fast)는 말한다. "실례합니다. 내가 당신의 영역을 침범해서 미안합니다. 상황이 나를 이렇게 만드는 군요. 그러나, 나는 당연히 당신의 사적 공간을 존중하고 어떤 경우에도 당신과 친밀하게 되려는 것은 아닙니다!"

신체언어에 대한 학문인 '동역학'은 사람들의 접촉에 대한 욕구를 비언어적으로 표현하는 다음과 같이 근본적인 네 가지 거리구간을 발견했다.

친밀 거리는 직접적인 신체적 접촉에서부터 대략 60cm까지의 거리를 말한다. 이 친밀 공간이 낯선 사람으로부터 방해될 때는 불안과 불편감이 일어난다. 엘리베이터 안에서의 무의식적 긴장은 우리가 소위 '無인간'임을 표현하는 것이다. 그래서 (無인간이므로) 다른 사람이 그의 친밀 거리 공간이 손상되는 것에 대해서 전혀 두려워할 아무런 이유가 없다는 것을 표현한다.

개인적 거리의 공간은 대략 60~150cm에 다다른다. 그것은 일종의 '칵테일파티의 거리'이다. 이 거리는 어느 정도의 친밀감의 수준을 허용한다. 그러나 파트너를 접촉하기에는 이미 어려운 거리이기 때문에 이 공간에서의 움직임은 더 이상 완전한 사적인 속성은 아니다. 거리에서 두 사람이 만날 경우 그들은 대부분 어느 정도 대화할 수 있을 정도의 거리를 유지한다.

사회적 거리의 영역에서는 일반적으로 비개인적인 사안을 처리한다. 이 거리에서는(대략 150~200cm) 고객이나 낯선 방문자, 즉 수리공이나 생필품 판매원 또는 우체부 같은 사람과 대화한다. 사장님의 커다란 집무 테이블은 직원들에게 이 거리를 유지하게 한다. 그리고 그들에게 여기서는 개인적인 관계는 기대되지 않는다는 것을 두말할 필요 없이 보여 준다. 아무런 이유 없이 관공서의 집무실에 공무원들의 업무 영역에서 방문자를 분리시키는 넓은 창구가 존재할 리는 없다.

그러나 사회적인 거리는 보호기능을 갖기도 한다. 사람들이 다른 사람을 공손한 방식으로 존중해야 할 필요 없이 서로 접근할 수 있는 거리이다.

대략 4m의 간격에서 공적 거리가 시작된다. 여기에서는 모든 개인적인 관계는 중단되고 사람들은 개별인으로 작용한다. 주입식 교육에서의 교사, 연설 장면에서의 정치가 그리고 무대 위의 연기자가 바로 이 거리 안에서 움직인다.

2명의 사람이 등장하는 곳에서 그 관계가 어떤 형태의 것이냐에 따라 이 거리 공간은 상호 존중되고 이 공간이 손상되는 것이 방어된다. 영화관에서는 가능한 한 낯선 사람의 옆에는 앉지 않는다. 식당에서 공간이 빽빽이 차 있을 때는 불편하다. 그러나 우리가 유일한 방문객일 경우 또한 불편하다. 왜냐하면 최소한 사회적 거리

1. 친밀 거리

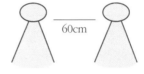

2. 개인적 거리

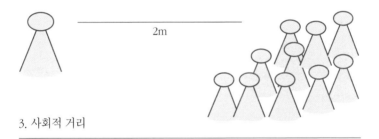

3. 사회적 거리

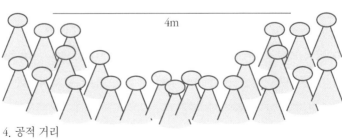

4. 공적 거리

의 공간 안에서 접촉을 받아들일 단 한 번의 가능성마저도 존재하지 않기 때문이다. 사육사 또한 거리 공간에 대한 지식을 이용한다. 사육사는 자신이 사자에게 가까이 가지 않고 사자의 개인적인 거리 공간이 복구될 때까지 뒤에 물러나 있다면 사자가 자신을 공격하지 않는다는 것을 정확히 안다. 사자가 더 이상 피할 수 없을 때에만 비로소 사육사는 위험하게 된다.

> 거리에 대한 태도가 관계를 나타낸다.

모범적인 외무사원 또한 무의식적으로 거리 규칙을 사용한다. 가정주부가 문을 열어 줄 때 그는 '단 한 발자국'도 문 안으로 자신을 들이밀지 않는다. 그것은 친밀 공간에 대한 침범과 같은 것이기 때문이다. 그리고 오히려 한 걸음 뒤로 물러선다. 이와 함께 그것이 의미하는 것은 "나는 강요적이지 않아요. 나는 당신의 영역을 제한하려고 하지 않아요. 당신은 언제라도 넓은 거리 구역으로 피할 수 있어요. 당신이 원한다면." 상관은 이와 반대로 자기 직원들의 업무테이블 위로 내려다보며 인사를 하고 이것이 보여 주는 것은 "나는 여기서 주인이다! 나는 언제라도 내가 편한 방식으로 접촉의 형태를 만들 수 있다!"이다. 상관의 업무테이블에서 직원들의 똑같은 행동이 어떤 감정을 불러일으키게 될 것인지 한번쯤 상상해 보라.

율리우스 파스트가 일반 병사들에 대해서 다음과 같이 보고하였다. 그 병사들이 샤워실에서 하사관에게 계급을 알거나 인식하지 못한 상태에서 아부적 행동을 했다는 것이다. 하사관들은 오직 행동과 (신체) 표현을 통한 신체언어로 분명한 서열 표시를 보냈던 것이다. 계급장이나 서열의 상징이 나타나지 않는 직업세계에서도 또한 지도적 위치의 직원은 대부분 우월감의 감정과 능력을 풍길 수 있다. 이러한 것들은 거리의 공간과 관련이 있는 것으로 발견되었다.

얼마나 빨리 누군가가 다른 사람의 개인적 공간에 침범하는가, 그리고 침범했을 때 얼마나 강하게 방어되고 어떤 방식으로 그것이 일어나는지와 같은 비언어적 행동방식을 통해서 매우 빨리 그 사람의 지위에 대해서 인식할 수 있다.

집단 내에서 접근과 거리의 질문이 어떻게 해결되는가? 집단 구성원들 서로 간의 '거리의 공간'이 얼마나 크게 존재하는가? 그리고 다른 사람의 사적 공간에 어떻게 대처하는가? 이 질문에 대한 답변이 집단 구성원들이 아직 행하고 있는 상호 간의 따뜻한 표현들보다 흔히 훨씬 더 빨리 당신에게 집단의 친밀감의 문제가 어떻게 해결되는지 보여 줄 것이다.

말 없는 만남

신체적 집단 훈련을 통해서 집단 구성원의 개인적 발달을 도모하고자 한 윌리엄 슈츠(William C. Schutz)가 자신의 저서『기쁨』에서 다음과 같이 이야기한다.

"집단접촉에의 첫 만남에서 모든 참여자는 쓰기든 말하기든 언어를 사용하는 것을 중단하도록 안내되었다. 그 밖에도 공간은 의자들이 일상적인 정렬 상태로 배치되지 않았다. 한 집단에 1개의 테이블만 배치되었고, 집단 구성원들이 공간에 들어왔을 때 모든 의자는 한쪽으로 완전히 치워져 있었다.

사람들은 무언가를 속이기 위해서 말을 사용한다.

그리고 한 시간 동안 그들은 말없이 서로를 이해시켜야만 했다. 이러한 시도와 함께 비언어적인 전달 형태가 촉진되었다. 그것은 매우 이례적인 체험이었다. 집단 구성원들은 율동을 했고 손과 발을 사용해서 신호를 보냈고 몸짓을 통해서 의미내용을 표현하기 위한 시도를 했다. 이때 놀라운 일이 발견되었다. 그 첫 번째 말없는 움직임을 통해서 명백히 모든 사람에게 해당되는 각 집단 구성원의 이미지가 훨씬 더 분명하게 나타났다. 즉, 일반적으로 전통적 방식으로 진행되는 동작에서 일어날 수 있는 것보다 훨씬 더 분명한 집단 구성원의 이미지가 나타났다. 아마도 이 발견이 인간은 다른 사람에게 감추기 위해서 그리고 들여다보지 못하게 하기 위해서 언어를 사용한다고 한 사실을 강조할 것이다. 이 방법은 감정을 행동으로 전환할 것을 촉진한다. 특정 구성원을 받아들이고자 하는 집단의 희망은 다수의 집단 구성원들이 다 함께 더불어 그 사람을 확실하게 그의 의자에 앉히고 집단이 만든 원형 안으로 그 의자를 끌어들이는 형태 속에 나타났다.

슈츠 박사는 이 연습을 가지고 "감정을 행동으로 변화"시키고자 했다. 우리는 다음의 놀이를 가지고 반대로의 경로를 따라가 보자.

행동을 감정으로 바꿔라!

이제 당신이 행동을 감정으로 변화시켜 보라! 어떤 신체적 표현 가능성을 사용할 수 있는지 그리고 다른 사람의 신체적 신호들이 모두 무엇을 의미할 수 있는지 발견해 보라.

다음과 같은 게임[이것은 슈츠 파이퍼(Schutz Pfeiffer) 및 존스(Jones) 의 책에서 발췌했다. 참고문헌 참조할 것]은 게임자체가 목적이 아니다. 몇 개의 게임을 가지고 당신은 한 집단이 진정 언어 속으로의 도피를 감행하지 않으면서 어떻게 그 안의 사람들이 서로 밀접하게 존속할 수 있는지 보여 줄 수 있다. 그래서 나중에 게임 이후 각 비언어적 연습에 대해서 집단과 함께 충분히 상세하게 토의하는 것은 무엇보다 중요한 일이다.

게임 공간감촉

많은 사람은 누군가 우연히 사적인 공간에 들어오면 그것을 벌써 침해로 이해한다. 또 다른 사람들은 그들이 기대되지 않는다는 불안감에서 다른 사람의 영역에는 매우 조심스럽게 들어간다. 아니면 어떤 사람들은 의식적으로 신체적 접촉을 구하기도 한다.

집단 구성원들에게 서로 더 가깝게 접근하도록 요구하라. 그런 다음 모두 눈을 감고 손을 뻗어서 그들의 '사적 공간'을 느끼도록 한다. ㅡ그들 앞에, 그들 위에, 그들 뒤에 있는 전 공간을 느낀다.

다음에 집단 구성원들은 서로 말하지 않고서 손들을 서로서로 맞
잡든지 아니면 접촉하는 방식으로 서로의 접근을 시도한다. 다른
사람의 공간에 들어갈 때는 어떤 감정이 되는지도 또한 의식하여
야 할 것이다.

게임 숨바꼭질

'공간 느끼기' 게임에서 혼자 있기와 함께 있기 사이의 갈등이 분
명해졌다. 다음 단계에서는 함께 있을 때의 감정에 대해서 해명된
다. 모든 집단 구성원은 일어선다. 그리고 눈을 감고 손을 뻗어서
말없이 공간을 돌아다닌다. 2명의 집단 구성원이 서로 맞닿게 되면
서로의 신체를 통해 서로를 조사하고 다른 사람의 실체에 대해서
탐색한다. 그리고 그를 '이해'해 보도록 한다!

게임 침입

때로 집단 구성원이 집단으로부터 '따돌림'을 당한다는 감정이
생기는 일도 일어난다. 그러면 이 집단 구성원은 상징적으로 다시
원 안으로 수용될 수 있다. 집단은 모든 사람이 서로 닿아서 또는
고리를 만들어서 하나의 원을 형성한다. 따돌림 당한 집단 구성원
은 이제 밖으로부터 이 안으로 들어오는 일을 시도해야 한다. 이때
그는 설득, 약속, 아첨 또는 신체적 힘의 방법을 사용할 수 있다(주
의 사항: 안경이나 시계 또는 그와 유사한 물건들은 부서지거나 다른 사
람들을 다치게 할 수 있으니 사전에 치워야 할 것이다). 집단 구성원이
다시 수용된 다음 그는 집단을 상대로 다시 수용됐을 때 가진 감정
에 대해서 표현한다.

게임 　통합

집단 내에 얼마나 많은 신뢰감이 지배하는가? 각 집단 구성원이 집단에 희망하는 접촉은 얼마나 가까운 것이어야 하는가? 사람들이 '집단 안'에 있는 것으로 느끼는가, 또는 '집단 밖'에 존재하는 것으로 느끼는가? 이러한 질문은 대부분 대답하기가 쉽지 않을 것이다. 간단한 연습이 많은 말보다 더 잘 표현할 수 있다. 집단은 서로 닿는 일이 없이 1개의 원을 만든다. 그리고 눈을 감고 원의 중심은 그에게 집단 내의 가장 큰 친밀성을 상징하는 자리라고 상상한다. 이제 모두가 생각 속에서 이 중심으로 접근해야만 한다. 얼마나 가까이 가장 큰 집단 친밀함 지점에 접근하고 싶은가? 집단 내에서 완전한 안정감을 느끼는가? 아니면 차라리 거기서 거리를 두고 싶은가? 이제 모두가 눈을 뜬다. 모든 사람은 집단의 중심으로 접근한다. 그리고 자신이 생각했던 집단에의 관계를 상징하는 거리만큼 다가선다.

게임 　살아 있는 소시오그램

모든 집단은 시간이 지나면서 집단 구성원 간에 특정한 관계망을 형성한다. 짝이 형성되고 반대파가 생기게 된다. 어떤 사람들은 다른 집단 구성원들과 많은 접촉을 가진 반면, 또 다른 사람들은 이방인의 위치를 갖게 된다. 이러한 관계망은 개개인의 관심과 감정의 관점에서 모든 집단 구성원으로부터 다르게 인식된다. 이러한 인식이 다음과 같은 연습을 통해서 표현될 것이다.

집단 구성원들은 공간에 서로 정렬한다. 이제 1명의 집단원이 집단 구성원들 간의 관계에 맞게 자기와 다른 사람들을 공간 안에 있는 어떤 자리에 지정하는 일을 시작한다(즉, 매우 밀접한 관계의 두 사람은 아주 가까이 세우고 반대파는 등과 등을 맞대어 세우는 등등). 이 때 소시오그램을 만드는 집단 구성원은 조각가로서도 역할을 한다. 그는 다른 집단 구성원들을 그들의 전형적인 특징을 표현하는 자세로 만들 수 있다(공격적인 집단원은, 예를 들어서 주먹을 치켜든 것으로 표현할 수 있을 것이다. 모형을 만들 때 집단 구성원의 상상력에 제한을 두어서는 안 된다!). 다음 순번의 집단원이 작업을 계속하고 전 집단원이 만들어 낸 형상에 동의하지 않을 경우 집단의 모습을 변경시킬 수 있다. 이 모든 것은 침묵 속에서 행해져야 한다. 이 집단 게임에서 각 집단 구성원은 자기와 다른 사람에 대한 자기의 위치가 집단 내에서 어떻게 보이는지에 대해 많은 피드백을 받게 된다. 곧, 게임 종료 후 준비되는 토론을 위해서 필수적으로 충분한 시간이 계획되어야만 할 것이다.

자기에게 가는 열쇠

이제 누구도 방해하지 않는 조용한 자리를 찾아보라. 거기서 눈을 감고 이완하라. 상상을 해 보라. 지금 다른 사람들로부터 1,000마일 정도 떨어져 있고 모든 문명으로부터 동떨어져 있다.

어떤 감정이 드는가? 무엇을 보는가? 떠오르는 모든 그림을 자유롭게 떠오르는 대로 놔두라.

이제 자주 관계하는 집단을 생각해 보라. 지금 어떤 특정한 장소에 있고 다른 집단 구성원들이 다가오고 있다는 것을 상상해 보자. 집단 구성원들은 어떤 모양새로 다가오는가? 이때 어떻게 행동하게 되는가? 이성적으로 곰곰이 생각하지 말고 상상의 날개를 계속 펼치는 시도를 하라.

우리가 완전히 잊고 있는 더 주목해야 할 중요한 것은 '우리 자신'인데 말이다. 우리는 우리 자신과는 대화할 시간이 거의 남지 않을 만큼 다른 사람과 많은 말을 한다. 그러나 우리의 많은 대인관계적 문제들은 갈등의 원인이 바로 자신에게 있을 수 있다. 그래서 다른 사람에게 가는 길을 찾고자 한다면 먼저 내 안으로의 길을 찾아야만 할 것이다.

> 다른 사람에게 가는 길을 찾고자 한다면 먼저 자기 안으로 가는 길을 찾아야할 것이다.

효과가 보증된 그러나 매우 방치된 우리의 자의식으로 집중하는 방법은 바로 이런 것이다. 30분 정도 한번 혼자 머물러 있는 것. 그리고 자신의 체험과 감정에 대해서 깊이 생각해 보는 것이다. 매일 혼자의 짧은 시간을 단지 이완하는 데 사용하지 말고 자기 자신과 자신의 감정 및 다른 사람과의 관계에 집중하는 것에 사용하면 좋을 것이다.

슈츠는 『기쁨』이라는 자신의 책에서 스스로 자신을 더 잘 알게 되고 더 잘 다룰 수 있게 하기 위한 몇 개의 연습을 제시하고 있다. 이 연습에서 자기 자신과 자신의 감정 그리고 다른 사람에 대한 나의 관계에 대해서 집중하라. 이와 함께 다른 사람에 대한 이해가 확장될 것이다.

연습 상상-결투

다른 사람과의 갈등만이 문제가 되는 것이 아니라 우리의 내적 갈등이 또한 문제가 된다. 2개의 먹이 짚더미 앞에 놓여 있던 유명한 당나귀 이야기(역자 주: 동일한 거리에 떨어져 있는 같은 크기의 먹이 짚더미 사이에서 아무런 정보가 없어서 어떤 것을 결정해야 될지 몰라 굶어 죽은 유명한 당나귀 이야기)가 바로 이것에 대한 예이다. 이런 내적 갈등에 대한 심리학적인 요인을 해명하기 위해서 한 번 이 갈등의 성분을 개인화해 볼 필요가 있다. 이것을 간단한 예를 통해서 제시하겠다. 한 친구를 화가 나게 했다고 가정해 보자. 그에게 한편으로는 화가 난 것을 기꺼이 말하고 싶고 다른 한편으로는 그와의 좋은 관계를 손상시키고 싶지 않다.

이제 머릿속에 2명의 인간이 존재한다고 상상해 보라. 한 사람은 친구에게 화가 난 이유를 알리라고 조언하고 다른 한 사람은 반대를 조언한다.

계속해서 상상 속의 두 사람 사이의 논쟁을 그려 보라. 이들 각각이 사람들에게 자기의 견해에 동조하도록 시도한다.

어떤 주장을 이용하겠는가? 누가 지배력을 획득하는가? 이 논쟁의 결투가 어떤 결론도 끌어내지 못할 때 두 사람이 격투를 벌이도록 시동을 걸 수 있다. 그들에게서 무엇이 일어나는지 관찰한다. 이어서 이 결투에서 어떤 생각과 감정을 갖게 되었는지 생각해 보자.

연습 대역

때때로 다른 사람의 생각과 체험을 이해하는 것과 공감하는 것은 어렵다. 우리가 다른 사람으로부터 들은 것은 이것을 실제로 이해하는 데 충분하지 않다.

다른 사람을 좀 더 잘 이해하고 싶다면 그의 대역 역할을 하면서 그의 처지에 자신을 한번 옮겨 보라.

다른 사람의 신체자세를 수용하는 것에 집중해 보라. 그리고 이것을 의식적으로 흉내 내도록 시도해 보라. 이때 그의 손과 발의 자세 그리고 머리의 기울임 그리고 얼굴과 몸에 나타나는 긴장감에 주목하라.

이제 이것들이 어떻게 느껴지는지 의식적으로 거기에 대해서 제대로 인식해 보라. 그러면 대부분은 다른 사람의 기분을 이해하는 것이 훨씬 더 쉽게 느껴진다. 가장 좋은 것은 그 이후에 자신의 롤모델과 거기에 대해서 이야기해 보는 것이다.

연습 동형형성

어떤 사물을 기술하기 위해서 그리고 파악하기 위해서 사물들을 비교하는 것이 우리에게 도움이 된다. 그리고 비슷한 방법이 사람들을 이해하는 데 사용될 수 있다.

다음과 같은 질문을 통해서 다른 사람들의 존재를 보다 명료화해 보도록 시도해 보라. "그가 무엇과 비슷한가?" "무엇으로 그가 기억되는가?"

계속해서 자유롭게 상상하라. 예를 들어, 물을 수 있다. "이 사람이 색깔이라면 어떤 색깔이 될까?" 또는 "어떤 종류의 식품일까?" 또는 "어떤 종류의 가구일까? 또는 어떤 동물일까?" 또는 "어떤 냄새가 이 사람에게 맞는 냄새일까?" 또는 "사실 이 사람은 어느 시대에 살아야 할까?"

보통은 이런 방식으로 자신에 대한 새로운 지식을 얻을 수 있을 것이다. 이 단원(자기에게 가는 열쇠)의 시작에서 제시한 상상이 자신을 더 잘 이해할 수 있도록 도울 것이다. 진정으로 기꺼이 혼자 있을 수 있는가? 어떤 특정한 집단과 어떤 관계를 갖고 있는가? 당신은 특정한 상황에 대해서 생각해 볼 수 있는 그리고 그것을 상상속에서 체험해 볼 수 있는 수없이 많은 가능성을 갖고 있다.

가상현실

"성장 중의 원시인이나 아동은 자신이 중요하게 생각하는 것의
모형을 만들어 봄으로써 현실을 잘 이해해 보려고 시도한다."

이와 같은 지적과 함께 클라크 앱트(Clark Abt)는 계획놀이에 대한 그의 책을 소개하고 있다. 역사 속의 중요 인물들 또한 '모래상자놀이'에 주목했었다. 군의 역사 또한 그것에 대한 좋은 본보기가 될 것이다. 놀이는 "진지한 이론적 그리고 사회적 문제에 대한 위험성 없는 적극적인 탐색의 또 다른 장이다."(C. Abt). 이것은 실제로 '가상현실'이다.

우리 대부분이 직접적으로 접촉하는 사회적 문제들, 즉 직장에서의 동료와의 관계 속에서 나타나는 문제들을 한번 바라보자. 사회조직의 구성원들 사이에서는(예를 들어, 기업조직 내에서) 모든 사무적 관계는 또한 사회적 측면을 갖고 있다. 예를 들어, 업무적인 '물적 구조'(소위 '조직위계')가 바로 지배구조가 되고 그리고 가치중립적인 '기능구조'가 곧 낮은 또는 높은 위상과 관련된 사회적 및 계급적 계층이 되는 것이다. 조직 내에서 기능의 수직적인 또는 수평적인 구분은 또한 사회적으로 중립적인 것이 절대 아니며 오히려 높은 사회적 의미를 지니게 된다.

현대적 조직들은 물론 인사조직을 덜 경직된 위계로 보려고 노력한다. 오히려 보다 문제 해결 과정의 경로로 보려고 한다. 과제와 역할의 분배는 점점 더 적게 '분명한 명령 체계'에 의해 이루어지고 오히려 흡족할 만한 문제 해결을 위한 객관적 조건에서 출발하게 된다.

바로 이러한 조직 내의 모든 서열 등급을 가로지르는 협동의 '현대적' 형태는 필연적으로 갈등을 일으킨다. 오늘날의 대규모의 그리고 이와 함께 복잡한 조직구조가 분명한 능력과 업무분리를 필수적으로 요구하는 것이다.

그러나 이와 함께 이런 조직 안에서는 상당히 경직된, 미리 설정된 행동규범이 만들어지는 경향이 있다. 그리고 그것으로 서로 다른 직위와 업무에 대한 역할 정의가 마련된다. 이렇게 경직된 모델은 곧, 책임권자에게 집중적인 협동 작업이 요구되는 문제의 해결에서 비전통적이고 창의적인 방식으로 접근

> 경직된 행동규범은 조직 내에서 창의적인 문제 해결을 어렵게 한다.

하는 것에 어려움을 준다. 대기업은, 예를 들어 목표에 도달하려는 복잡한 조직을 갖고 있을 것이다. 바로 이것이 다시 목표달성을 다

소 어렵게 하는 조정의 문제를 양산한다.

바로 이러할 때 계획놀이(플랜-플레이)는 이런 문제에 대한 의식을 일깨울 뿐만 아니라 구체적인 결정 상황에서—현실을 재현함으로써—직접적으로 문제를 체험할 수 있게 하는 데 탁월하다.

과제가 실패하는 것은 잘못된 결정을 통해서 생성되는 것이 아니라 오히려 잘못된 **결정 과정**을 통해서 일어난다. 일상생활 속에서 이러한 과정은 직접적으로 눈에 띄지 않는다. 계획놀이의 저속도 촬영기법은 바로 이러한 과정을 분명히 살펴보는 데 매우 탁월하게 적합한 것이다.

민주적 운영형태의 많은 실패가 관련자들에게 그렇다고 다시금 옛날 방식으로 귀환하도록 하는 동기가 되어서는 안 되고 오히려 민주주의가 연습되어야만 한다는 점이 신중히 고려되어야 할 것이다!

이것은 기업이나 사회단체와 마찬가지로 한 국가에도 통용된다. 그래서 계획놀이는 참여자들에게 그들이 한 결정의 객관적인 효과를 분명히 하기 위해서뿐만이 아니라 팀워크에서의 효과적인 협동형태를 시험해 보고 연습해 보기 위해서 활용되어야 한다.

경쟁과 협동의 동시적 요구는 계획놀이 참여자들에게 결정에 적합한 집단 과정에 대한 통찰만 제공하는 것은 아니다. 오히려 참여자들은 자신과 '적군' 팀의 거울 속에서 자신 및 자신의 행동양식의 효과와 직면하게 된다. 그래서 한 참여자는 다음과 같은 보고서를 구성했다. "우리가 합의를 볼 때까지 그렇게 오랫동안 토론을 했다. 그것을 통해서 사람들은 자신이 어떤 상

> 계획놀이(플랜-플레이)와 함께 효과적인 협동이 검증될 수 있다.

황 속에 빠져 있는지 알게 된다. ―그리고 바로 서로의 관계 속에서…… 사람들은 결정을 하도록 강요되고 있기 때문에 무엇이 함께 결정 과정에 작용하고 있는지 모두 보게 된다. 논리와 객관적 지식만 작용하는 것은 아니다. 무엇보다도 개개인의 성격이 매우 강한 역할을 한다. 그래서 누가 관철시킬 수 있고, 누가 관철시킬 수 없는지 우리는 이것을 통해서 서로를 매우 잘 알게 되었다."

계획놀이를 도입하는 것은 다음과 같이 결정 과정과 팀 훈련 그리고 조직분위기 개선을 위한 매우 다양한 연습 가능성을 제공한다.

- 계획놀이에서의 시간 압축은 경험과 체험의 압축을 의미한다. 그리고 이와 함께 결정과 결과의 경향성을 높은 밀도로 볼 수 있는 시뮬레이션을 의미한다. 이러한 경향성은 복잡한 결정 과정의 요소들을 크게 인식하게 하지만 일상적인 스트레스 상황 속에서는 절대로 파악될 수 없는 것이다.
- 모의실험(시뮬레이션)된 결정 상황은 관계들을 직접적으로 관찰할 수 있게 하고 체험할 수 있게 한다. 이때의 실험 과제는 참여자들이 그들이 결정한 것에서 도출된 결과에 의해 해고나 또는 도피의 가능성을 주지 않는다.
- 결정 과정의 때에 사회적 현상에 대한 단순한 언어적 제시는 사람들에게 아무것도 체험하게 하지 않는다. 이와 반대로 모의실험 놀이는 자신의 체험을 통해서 오직 이론적으로만 언급하는 것보다 훨씬 개선된 반성적 고찰을 가능하게 한다.
- 이와 함께 저속도 촬영에서와 같이 팀의 협동에 관한 조직의 과정이 완성된다. 자발적 행위에 의한 참여자들의 강한 사명감이 계획놀이의 경쟁적 성격과 함께 집단과정과 집단구성을

통한 상호 촉진과 자기검열의 효과와 함께 집중적인 협동과
팀 정신의 발달을 가져온다.

종종 계획놀이는 가능한 한 아주 정확하게 현실의 모든 순간을
재현할 수 있을 때만이 의미가 있을 것이라는 견해가 표명된다. 그
래서 많은 계획놀이는 오늘날 컴퓨터의 도움으로 이루어진다. 어
떻게 특정한 결정들이 컴퓨터 안에 주어진 '현실 모델'을 바꿀 수
있는지 대량의 객관적 사실들과 관계들을 파악하고 초당으로 빨리
기록될 수 있는 컴퓨터가 이를 실행하는 것이다.

이와 반대로 소위 '공개적' 계획놀이의 다채로운 활용 가능성에
대해서는 아직 적게 알려져 있다. 그 이유는 이러한 계획놀이의 토
대가 양적(숫자적)으로 구성된 환경 모델이 아니고 질적인 갈등 모
델이기 때문이다.

이런 놀이를 위해서 갈등 상황에 대한 정확한 재현이 필요하다.
모든 참여자에게 간단한 지시사항이 규정된다. 그래서 놀이에서
그의 위치 및 연관된 목표, 가치설정, 출발점(환경조건)에 대한 지식
과 정보들이 결정된다.

또한 현실에 가장 근접한 갈등 상황의 구성과 형태가 노동의 큰
낭비 없이 구성될 수 있다. 예를 들어서, 노동조합의 임금협상, 마
을 공동체를 위한 수영장 건설, 훈육문제에 대한 학교에서의 학부
모와 교사 간의 갈등 등과 같은 것들이다.

'공개적' 계획놀이는 폐쇄적 모델에 비해서 근본적인 장점을 제
공한다. 즉, 현실뿐만이 아니라 미래까지 모의 실험해 볼 수 있다.
공개적 계획놀이는, 예를 들어 새 조직 모델을 현실에서 교정하는

공개적 계획놀이(플랜−플레이)는 위험 없이 안전하게 조직의 새로운 모델을 모의 실험하게 한다.

것이 힘들어지기 이전에 위험 없이 안전하게 모의실험해 보고 가능한 효과를 검증해 볼 수 있게 한다. 그리고 해당자들이 사전에 변화를 끝까지 재반복(완습)해 봄으로써 일어나는 긍정적인 동기 효과가 차후 새로운 방법의 관찰과 효과가 과소평가되는 일이 없도록 해 준다.

계획놀이는 곧 계획들의 신뢰도를 상승시키고 그것의 효과를 모델 속에서 검증해 볼 수 있는 한 방법이다. 특히 개시한 문제 분석이 너무 길거나 너무 경비가 비싼 경우에 더욱 그렇다.

배분된 역할에 대해 문제를 '완습'하는 것은 더욱이 때때로 평가하기 어려운 상황을 쉽게 파악하게 하는 유일한 방법이다. 이와 함께 긍정적인 2차 효과는 반대편의 상황에 대한, 즉 놀이 속에서 그들의 역할을 맡아야하는 책임 속에서 얻어지는, 이해력의 상승이라고 평가할 수 있다. 격려하건대, 기업의 부서장이 다른 부서에 있는 동료의 과제를 한번 이행해 볼 것을 제안한다. 예를 들어, 계획놀이, 속에서 영업부장이 재무 부서를 통솔해 보도록…….

중요한 결정들은 대부분 그 결과를 평가하는 것이 어려운 것은 아니다. 오히려 문제는 곧바로 여러 상황을 수정할 수 없다는 것이다. 그래서 이러한 계획놀이에서의 결정의 장점은 바로 실제 상황에서 처음으로 검증하는 것이 아니라는 점이다. 그러면 대부분 결정의 변경을 위해서는 너무 늦었거나 갈등이 이미 진행된 경우가 되기 때문이다.

종종 장점은 관련자들의 놀이 속에서 일어나는 놀랄 만한 통찰에 있다. 예를 든다면, 한 사회사업적으로 사명을 띤 단체가 이민자들을 위한 이주촌 건설에 대해서 모의실험을 해 보았다. 참여한 집단은 건설팀, 도시계획팀, 시민들, 사회사업가 그리고 이주민 집단들로 구성이 되었다. 모든 참여자는 놀이가 진행되는 동안 계획된 이추촌에 대한 결정에 도달하기 전까지 머리가 뜨겁게 토론했다. 그리고 결국 부끄럽게 확인하게 되었던 것은 계획의 전 과정 동안에 이주민들에게 직접 계획된 이주촌에 그들의 생각을 묻는 것을 간과했다는 것이다. 이와 함께 최종적으로 계획놀이는 얼마나 현실에 근접해야만 하는지 분명해졌을 것이다.

실험: 교외(건설 프로젝트)

'교외 실험'은 사회놀이로 적합하기도 한 흥미진진한 계획놀이 (플랜—플레이)이다[이 놀이는 미샤엘 비르켄빌(Michael Birkenbihl)의 교육자와 강사를 위한 소책자 매뉴얼에서 인용하였다].

게임 이 게임은 임의대로 변형할 수 있다. 그리고 새로운 규칙을 추가할 수 있다. 그러나 이 게임의 기본 사항은 보존되어야만 한다.

참여한 네 팀은 이 게임에서 서로 협조하고 합의를 찾을 수도 있지만 두 팀만이 승자가 될 수 있다. 즉, 두 팀만 제시된 문제를 해결할 수 있다.

이 게임의 실행을 위해서 필요한 것은 각 팀이 공간적으로 서로 격리되어 결정을 이끌어 낼 수 있는 대공간이나 다수의 공간이다. 이 게임에는 두 가지 규칙만이 존재한다.

각 팀은 모든 계획과 결정을 시간대별로 정리할 수 있는 '업무일지'에 정리하여야 한다.

모든 행해진 토지 매매, 매도 또는 교환은 '토지등기소(게임지도자)'에 신고되어야 한다.

팀 A에 대한 지시사항

당신은 폴리스건설 주식회사 경영팀의 일원이다. 폴리스건설 주식회사는 매우 유리한 토지 구역 A1, C4, D1, D2를 갖고 있다(242쪽 도면 참조).

당신의 회사는 네 구역의 서로 결합된 토지를 기꺼이 확보하고 싶어 한다. 왜냐하면 그곳에 거주지를 형성하기 위해서이다. 토지 구획의 위치는 당신에게 그렇게 중요하지 않지만 직사각형 형태의 장방평의 형태를 가져야만 한다.

당신의 회사는 이 토지 매매를 할 수 있는 유동 현금이 없다. 아마 지금 소지하고 있는 부동산을 건축하려는 거주지의 건설을 위해서 사용해야만 할 것이다. 그런데 당신들은 현재 소지하고 있는 토지의 매도를 통해서 필요한 돈을 확보할 수 있을 것이라고 희망한다.

개별 토지는 현재로선 대략 시가 100,000유로(EUR)이다.

팀 B를 위한 지시사항

당신은 터빈 조합의 경영진에 속한다. 당신의 회사는 상당히 우월한 교외 지역인 A3, B1, C1, C2 토지를 갖고 있다. 당신의 제조 공장은 A3 토지 구획에 위치하고 있다. 당신은 좋은 상권 위치를 유지하기 위해서 제조 공장을 확장하려고 한다. 그래서 당신의 토지와 인접한 세 곳의 부지를 획득하려고 한다. 그리고 당신의 회사를 산업도로에 연결시키려고 한다.

경제 상태는 다음과 같다. 당신은 요즘 토지거래를 위한 140,000유

로를 유동성 자금으로 갖고 있다. 그래서 이 금액을 공장의 건축을
위해서 사용하면 더 좋겠다고 생각한다.

유망한 교외 지역의 토지 가격은 최근 100,000유로에 해당한다.

팀 C를 위한 지시사항

당신은 전략형 대형마트의 경영진에 속한다. 당신의 회사는 우
월한 교외 지역인 B2, C3, D3, A4 토지 구획에 속한다.

당신의 회사는 현대적 상가센터를 건설하려고 한다. 상가센터는
사각형의 부지 중심에 건설해서 복합 건물 층의 모든 쪽에서 접근
가능한 고객용 대형 주차시설을 설치할 수 있어야만 한다. 그래서
당신은 서로 결합된 영역인 B2, B3, C2, C3의 네 부지를 당신 소유
로 만들고 싶어 한다.

당신은 시의 도시계획과와 좋은 관계를 맺고 있기 때문에 가까
운 미래에 새 고속도로가 이 지역에 건설될 것임을 미리 알고 있다.

고속도로에 대한 정확한 정보는 아직 알려져 있지 않다.

• 현재 당신의 유동성자금은 100,000유로에 해당된다.
• 유망한 지역에 있는 당신의 부지는 100,000유로의 가치를 지
  니고 있다.

팀 D를 위한 지시사항

당신은 부동산 회사 슈미트의 경영진에 속한다. 당신 회사는 얼
마 전 투기 목적으로 유망 교외 지역의 몇 개 부지를 확보했다. 당
신은 B3, B4, D4, A2를 갖고 있다. 이 지역의 토지 값은 이 시의 계

속되는 산업화의 확장을 통해서 머지않아 상당히 상승할 것이다.

가까운 미래에 새 고속도로가 이 지역에 걸쳐 건설될 것이다. 그러나 지금까지 여기에 대해서 대중들 사이에서는 알려진 바가 없다. 당신은 가능한 한 매우 신속하게 A4, B4, C4, D4를 소유하고 싶어 한다. 왜냐하면 이 부지 중심에 있는 길쭉한 땅들을 시의 새 고속도로를 위한 예정선으로 매매하고자 하기 때문이다. 새 고속도로를 따라 좌우로 남아 있는 길다란 부지는 그 가치가 상승될 것이다.

당신은 계획된 고속도로에 대한 정보가 대중에게 알려지기 전에 그리고 현재로서는 상당히 유리한 가격인 이 부지가 언젠가 더 이상 획득할 수 없는 때가 오기 전에 가능한 한 재빨리 거래하고 싶어 한다.

터빈 조합이 마찬가지로 이 지역의 땅을 확보하려고 한다는 소문이 들려왔다.

개개 부지는 현재 대략 100,000유로에 거래되고 있다. 부지 매매를 위해서 당신은 200,000유로의 자금을 갖고 있다.

다음 절에서는 계획놀이의 평가 및 토론을 위한 지시사항을 보게 될 것이다.

팀 A

A1	A2	A3	A4
B1	B2	B3	B4
C1	C2	C3	C4
D1	D2	D3	D4

팀 B

A1	A2	A3	A4
B1	B2	B3	B4
C1	C2	C3	C4
D1	D2	D3	D4

팀 C

A1	A2	A3	A4
B1	B2	B3	B4
C1	C2	C3	C4
D1	D2	D3	D4

팀 D

A1	A2	A3	A4
B1	B2	B3	B4
C1	C2	C3	C4
D1	D2	D3	D4

어떻게 계획놀이(플랜-플레이)를 평가할까

계획놀이의 다각적인 효과는 오로지 다음과 같은 경우에 최적으로 활용될 수 있다. 곧 게임 팀이 게임 과정에 이어 그들이 내린 결정의 객관적인 원인과 결과를 서로 상의하기 위해 토론 자리에 앉는다는 것만으로는 충분하지 않다. 오히려 결정 과정의 경과 자체와 또한 무엇보다도 각 팀 구성원들의 수행된 역할이 계속해서 분석에 활용될 때에 해당된다.

> 결과만이 아니라 결정 과정 또한 분석되어야 한다!

집단 내에서의 역할 분배가 무의식적으로 이행되었다 할지라도, 나중에 밝혀지게 되는 것은 협동의 과정 중에 완전히 객관적인 특정 업무 분배만이 수행된 것은 아니라는 점이다. 게임 참여자들의 상호작용 속에 심리적이고 사회적인 요인도 함께 작용한다. 지위의 문제나 지도부의 요구 또는 권력 갈등 등 서로 방해적으로 작용할 수 있는 형태가 나타날 수 있다.

여기에 속하는 방법으로 최적의 결정을 방해했었던 문제를 서로 토의할 수 있기 위해서는 참여자들 사이에 비판적인, 특히 자기비판적인 개방성이 요구된다.

당연히 몇 가지 해결책이 제시될 수 있다.

- 어떤 결정이 이루어졌는가? 이 결정은 어떤 직접적인 가시적 효과를 가져왔는가?
- 게임 참여자들은 어떤 객관적인 한계에 굴복할 수밖에 없다고 느꼈는가? 무엇이 최종적인 결정에 영향을 미쳤는가?
- 게임 참여자들은 무엇을 배웠는가? 당신 생각에 무엇이 잘못되

었는가? 가정하건대 어떤 방법이 다음에 활용될 수 있겠는가?

- 이 게임 상황은 얼마나 현실에 근접한가? 어떤 게임에서 어떤 불확실성이 나타났는가?

이러한 질문들보다 훨씬 더 중요한 것은 물론 팀을 위해서 게임 참여자들 사이의 상호작용의 과정을 분석하는 것이다.

- 어떤 개인적인 한계와 장애가 개개 참여자들에게 그들의 동료에게 굴욕감을 느끼게 하였는가? 게임 참여자들은 게임의 형태 속에서 어떤 개인적인 반응을 서로에게 보였는가?
- 협동이 목적의식, 리더십, 결정의 기쁨 그리고 협동 작업에 대한 준비와 상호 정보교환 작업 등의 영역에서 만족스럽게 진행되었는가?
- 개개 참여자들 사이에 개인적인 분노나 비합리적인 비판이 있었는가? 있었다면 왜 그러했는가?
- 집단은 모든 참여자에게 결정 과정에 자신의 경험과 정보를 적용할 수 있는 충분한 기회를 주었는가? 개방성과 신뢰 그리고 협조 자세가 상호 필요한 만큼 존재하였는가?

이런 질문과 함께 모든 참여자의 개인적인 판단의 관점을 만나게 된다. 그래서 다음과 같은 질문이 여기에 가능하다.

- 얼마나 자주 참여자들의 조언과 이의가 객관적으로 고려되었는가?
- 참여자들에 대한 비판은 객관적으로 실행되었는가? 논쟁은 대체적으로 객관성에 근거하였는가?
- 일반 집단 참여자의 기여 부분에 대한 인정 및 주도성에 대한

욕구가 존중되었는가? 경청의 능력이 얼마나 잘 형성되었는가?
- 자신의 과오의 책임을 다른 사람에게 전가하려고 하지는 않았
  는가? 참여자들이 자신의 관심을 자기중심적으로 관철시키기
  위해서 시도하였는가? 얼마나 자주, 예를 들어 "우리는 해야만
  해……."와 같은 공식 속에서 집단관계를 만들어 냈는가?

이러한 질문은 생산적 논쟁을 위한 충분한 발화물질을 포함하고
있을 것이며 '가상현실'에서 얻은 지식을 날마다 경험하게 되는 현
실에 전이시키는 데 기여하게 될 것이다.

집단의 게임 규칙

*자신의 역할을 수행하도록 인간에게 의지와 능력이 생기는 것,
이것이 사회화 과정이 하는 일이다. 이 과정 속에서 우리는 해야
만 하는 것을 하고자 하는 것으로 배운다. 그리고 결과적으로 의
식함이 없이 그것을 행한다.*

—포피츠(H. Popitz)

집단 구성원의 어떤 행동이 무의식적으로 집단의 규정이 발달하
는 데 영향을 미치는지에 대해서 이미 이야기했다. 그러나 이 외에
도 함께 작용하고 있는 다른 시스템도 존재한다.

아마도 이러한 체험을 우리의 계획놀이인 '교외실험'에서 얻었을
것이다. 예를 들어, 지금까지는 전혀 주목받지 않았던 뮐러 씨가 게
임 팀에서는 '재무부장'으로 임명되었고 그러면서 그의 행동은 급
격하게 달라진다. 그는 자금 유동성의 문제(재무능력)를 경고하고
'대표이사'에게 그가 마치 변신한 것 같은 언어로 말하기 시작한다.

누가 이러한 역할 놀이가 무대에서만 진행된다고 생각하겠는가?
그런 생각은 근본적으로 오류이다. 일상의 거의 모든 상황에서 어
느 정도 우리는 게임 규칙에 의해서 행동한다. 이를 위해서 더 이상
곰곰이 생각할 필요가 없다. 사회는 항상 규
정을 확립하는 것을 완료했다. 목사든 창구
에 있는 은행원이든 그리고 교사든 모든 사
람을 위해서 특정한 행동방식이 이미 준비되
어 있다. 그리고 사람들은 그들이 '자기 역할

신분 문제, 경영권 또는 권
한 쟁의는 결정 과정의 방
해 요인이다.

에서 이탈되지 않기'를 기대한다.

우리는 매일의 일상 속에서 얼마나 광범위하게 행동방식이 이미 결정되어 있는지를 그리고 우리에게 요구되는 기대를 저항 없이 쫓고 있다는 것을 쉽게 잊어버린다. 힌스트(K. Hinst)는 호적계 공무원의 예를 들어서 설명한다. 바로 '여가 창안자'의 역할로 자유롭고 여유 있는 그는 관청에서는 우리 생각에 호적공무원이라 할 수 있는 그런 모습의 신중하고 점잖은 공무원으로 변신하는 것이다. 역할을 바꿔서 해 보면 바로 우스꽝스럽게 보일 것이다. 수영장에서는 품위를 갖추는 것은 어울리지 않으며 시청 호적계에서 자유분방함은 역시 기대되지 않는다.

우리는 우리가 날마다 수행해야 하는 다양한 역할을 모두 같은 비중으로 좋아하는 것은 아니다. 이것은 예를 들어 결정 앞에서 압박감을 느끼는 매니저한테서 나타난다. 그는 무의식적으로 자기역할을 거부하고 있는 것이다.

집단 내에서 어떤 역할을 기꺼이 받아들이는가? 그리고 어떤 것을 무의식적으로 거부하는가? 우리에게 행해지는 어떤 기대가 그 자체로 집단에서 우리의 행동에 영향을 주는가?

우리가 느끼는 상당한 의무감은 사회의 역할 기대에 해당하는 것이다(선호되는 것과 마찬가지로 거부되는 것을 포함해서). 그리고 이것은 우리의 사회화 과정을 통해서 형성된다.

이미 영아기의 아이는 어머니로부터 자신을 위해 가장 중요한 절대적 의존성의 경험을 갖는다. 욕구를 충족해야만 하기 때문에 아이는 삶의 첫 번째 반응으로서 그렇게 적응하는 것을 배운다. 나중에 아이는, 또 성인이 되어서도, '소외되지' 않기 위해서 다양한 요구에 복종해야만 하는 것을 배운다. 적응의 강박과 소외감의 불안은 바로 인간에게 생애 마지막까지 매우 강하게 무의식적으로 작용하는 2개의 원초적 정서이다.

그러나 적응에의 강박이 바로 그러한 정서로서 느껴지지 않기 때문에 거기에 '동일시'의 구조가 생겨난다. "사회가 요구하는 것과 나의 생각은 똑같아." 그리고 사회적 규준과 역할 규정을 포함한 모든 종류의 금지 및 허가에 대한 '자발적인' 수용을 통해서 동시에 나는 나의 정체성을 형성한다.

나는 지속적인 다양한 동일시 과정을 통해서 나의 인성을 발달시킨다. 이러한 동일시의 매체가 바로 다른 사람에 대한 나의 관계이다. 이 관계가 긍정적으로 경과했는지 또는 부정적으로 경과했는지에 따라서 내 자신의 역할 규정은 달라진다.

한 인간의 긍정적 또는 부정적 대상관계의 총합을 '심리사회적 도식'이라고 부른다.

한 인간의 행동을 좀 더 잘 이해하기 위해서 '관계 궤도'에서 그의 대상관계의 형태를 나타낼 수 있다.

이러한 궤도의 예가 바로 다음과 같은 그림이다.

연습 당신을 위해 직접 궤도를 그려 보라!

집단 내 학습과 일

"나는 선입견이 있어요-

사실을 가지고 나를 혼란시키지 마세요!"

이 상냥한 문장은 학습이나 업무집단 속에서 새로운 것이 관철되어야 할 때 나타나는 문제를 아주 잘 적중해서 표현한다. 우리가 다른 사람에게 가르쳐 주려고 할 때 '건강한 불신'을 만나게 된다. 많은 사람은 새로운 지식 없이도 잘 헤쳐 나살 수 있다고 믿게 된 자신의 값진 경험들로부터 확신하고 있다. 행복한 다족류처럼 사람들은 그들의 길을 혼동하지 않고, 그래서 그들이 어떤 발을 사용해야할지 숙고하지 않아도 잘 갈 수 있다고 믿는다. 다족류는 인식 없이도 아마도 완전히 행복할 수 있을 것이다. 그러나 그는 자신의 삶을 일생 동안 돌 아래에서 굴러다니는 것으로 제한할 뿐이다. 이런 사실에 대해서 이들에게 분명히 알려 주는 것은 종종 어려운 일이다.

애석하게도 가령 세 시간짜리 강연을 통해서 학습이나 또는 업무집단의 참여자들에게 심도 있는 통찰을 전달할 수 있을 거라는 상상이 거의 만연하다. 예를 들어, 권위적 부모가 비권위적인 양육방법의 모범적 예를 학습하게 되는 통찰을 얻을 수 있을 것이라는 상상이다. 특정한 신념을 바꾸는 일이 성공한다고 해도 통찰이 행동의 개선을 의미하지는 않는다. 이것은 고통스럽게 흡연을 포기하고자 시도했던 사람들에게는 분명하다.

학습의 현대적 정의를 필수적으로 암기할 필요는 없다. 근본적인 것은 여기에서 다만 인식(제대로 아는 것)이다. 학습이 의미하는 것은 모든 경우에 행동의 변화이다. 그래서 근본적으로 현대적 학습방법은 인간행동의 세 가지 영역에 모두 영향을 미친다.

아는 것(지식)-하려는 것(의지)-할 수 있는 것(능력)

그리고 하려는 것과 할 수 있는 것이 오직 부드러운 설득을 통해서만 영향을 받지는 않는다. "우리는 지금까지 항상 그랬었어!" "현실에서는 모든 것이 완전히 달라!" 이러한 그리고 유사한 전형적인 이의가 많든 적든 새로운 인식이 전수되어야 하는 거의 모든 강좌의 소개 콘서트에서 일어난다.

그리고 모든 남편은 그들의 경애하는 아내들이 새로운 부엌 도구가 명백히 장점을 가지고 있다고 주장하는 논리를 종종 효과 없는 불길한 노력으로 기억한다. 그 장점이란 합리적 사고로 볼 때 금방 통찰할 수 있을 것 같은 장점들이다. 그럼에도 불구하고 새로운 믹서는 곧 선반으로 사라진다. 다음에 케이크 반죽을 젓는 수동믹서가 전통적 위치를 지키게 된다. 이 말인 즉슨 새로운 통찰과 행동 방식을 학습하는 것은 바로 합리적 과정만이 아니고 학습하는 사람의 정서적 측면에의 접촉과 관련이 있다는 것이다.

인간이 습관의 동물이라는 것은 유감스럽기만 한 것은 아니다. 이것이 인간의 생존(존속)에 필수적인 것이 사실이다.

마이어(Egon Meier)가 8시 15분에 "좋은 아침입니다."라고 말하며 자신의 사무실을 들어설 때 그는 자신의 동료가 거의 확실하게 그를 인사하며 맞을 것이라는, 그리고 손에 칼을 들고 이를 갈면서 맞이하지 않을 것이라는 확신을 가지고 기대한다. 이 예는 우선 기괴하게 보일 것이다. 그러나 이것이 우리가 무의식적으로 (대부분 맞는) 가정을 통해서 행동한다는 것을, 그리고 우리의 환경과 주변 사람들은 상당히 예측할 수 있는 틀 속에서 행동한다는 것을 분명히 알려 준다. 이러한 우리의 의식 저변에는 무질서(카오스)의 상이 아니라 '건강한 세계'의 상이 입력되어 있다.

그런데 이것은 또한 우리 안에 존재하는 환경에 대한 틀이나 이미지는 새로운 학습 체험을 통해서 달라지게 된다는 것을 일컫는다. 새로운 경험은 옛 경험의 틀 안에 입력되고 동시에 변화된다.

"우리의 성격은 우리의 경험의 합이다." 이 문장의 의미를 분명히 한다면 왜 심층심리학자들(정신분석학자)이 보는 새로운 경험은 우리 안의 소위 '정체성의 위기'를 일으킨다고 말하는지 잘 이해할 수 있다. 우리의 경험의 틀과 함께 우리의 인성의 틀 또한 동시에 변화된다. 그리고 비교적 튼튼한 틀이 생존에 필수적이기 때문에 우리

새로운 경험은 쉽게 억압된다!

의 무의식은 새로운 경험을 무작정 억압하는(종종 성공적인) 시도를 한다. "나는 선입견이 있어." −이 장의 시작 문구 참조!

모든 학습 과정에 또한 정서적 방어반응이 발생한다. 그래서 보수적인 학습방법의 효과, 즉 대부분 '강의의 형태' 속에서 전달된 것만을 가지고 만족하려고 하는 교육방법을 진지하게 의심해 봐야만 한다. 몇 개의 실험이 이것을 증명한다. 오직 들은 것의 10%만이 장기적으로 기억되었고, 이런 방식으로 수용된 새로운 지식이 새로운 행동을 유도했다는 희망은 더 적다!

정서적이고 무의식적인 학습 저항에 관한 문제는 학습과는 전혀 다른 영역, 즉 종종 거의 주목되지 않는 다음과 같은 것을 이해하는 것이 불가피하다. 학습하는 자의 동기는, 즉 하려는 것(의지)이다.

우리는 우선적으로 인간의 새롭고 습관화되지 않은 것에 대한 이해를 저지하는 무의식적인 강박이 얼마나 강한지 알게 되었다. 그래서 현대적 교육방법은 "우리는 지금 항상 그렇게 했었어."라는 확신을 상대로 압박할 수 있는 '대항 압력'을 생산하는 것일 것이다.

행동연구는 그 사이 학습 과정에서의 효과적인 동기의 도구로서 집단 압박의 사회적 현상을 연구했다. 검지를 들어 올리는 것으로는 최대 10분 동안 의지가 있는 청중들을 붙들 수 있다는 것을 아는

집단 압력이 학습 과정을 지지한다.

교사나 강사는 그에 맞게 최대 10분만을 전달식 강의에 사용한다. 그런 다음 그는 이에 합당하게 집단 작업의 방법을 시작한다. 작업집단은(이상적 크기는 4~5명의 참여자이다.) 현장에서의 구체적인 문제(사례연구)를 다루며 공동으로 해결책을 발견한다.

이때 집단 작업은 다음과 같은 장점이 있다. 첫째, 집단역동적인 과정은 필연적으로 이미 모든 것을 알고 있다고 믿는 자족하는 자에게 다른 집단 참여자들을 통해서 효과적인 자기교정을 체험할 수 있도록 도울 수 있다.

누구나 즉시, 특히 새로운 인식을 통해서 능동적으로 자신을 분석할 수 있는 것은 오직 집단 작업을 통해서만 가능하다. 직접 노력해서 얻은 통찰은 동기가 더 강화되는 것에만 효과가 있는 것이 아니라, 이 강연의 모든 '황금언어'를 더 잘 기억하는 것에도 효과적 작용을 한다.

집단 작업의 장점

- '집단 압력'을 통해서 새로운 정보를 받아들이는 준비도가 높아진다.
- 학습내용을 능동적으로 작업함으로써 더 좋은 동기화가 일어난다.
- 직접 작업한 학습내용을 통해서 동일시가 일어난다.
- 집단 내에서 협동적인 작업 형태를 배워 익힌다.
- 학습 내용을 더 잘 점검(control)할 수 있다("어떤 개인도 모두보다 많이 알지는 않는다!").

탑 짓기

학습집단 또는 작업집단 안에서 문제에 접근하고 해결해야 하는 방식으로 집단 구성원들이 모두 동일한 행동을 하지는 않는다. 이를테면 역동적인 유형이 있는데 이런 사람은 할 수만 있다면 모든 것을 혼자 하고 싶어 한다. 그런가 하면 보다 상담자 기능을 하고자 하는 지성인 유형도 있고, 구경꾼이나 주목되지 않을 경우 담벼락 꽃처럼 구석으로 물러서는 유형도 있다.

이러한 행동방식은 집단에서 작업 과제가 해결되는 형식에 중대한 영향을 미친다. 그래서 집단은 개개 집단 구성원의 전형적인 행동방식을 아는 것이 매우 중요하다. 집단이 어떤 중요한 과제를 해결해야 할 경우 대부분 이것과 연결된 스트레스는 매우 엄청나다. '무엇을' 함께 작업해야 하는지 외에도 '어떻게' 함께해야 하는지에 대해 생각할 시간이라고는 거의 없다고 해야 할 정도이다.

게임 이 게임 과제를 할 때 당신은 실제 상황의 업무 과제를 할 때처럼 행동하게 될 것이다. 이어서 우리는 어떻게 게임을 가장 적절하게 평가할 수 있는지 소개할 것이다.

게임 지시

두 작업팀이 구성된다. 모든 팀은 다음과 같이 할당된 재료를 가지고 한 탑을 만드는 과제를 받는다.

A3 마분지 3장

스케치용 종이 4장

튜브 풀 한 개

가위 한 개

자 한 개

연필 한 자루

지우개 한 개

탑은 오직 집단에게 제공된 재료로만 제작될 수 있다. 탑은 제 토대 위에 서 있을 수 있어야만 한다. 다른 토대 위에 접착되거나 벽에 세워지거나 또는 다른 것에 기대어져서는 안 된다.

그리고 제공된 자보다 넓거나 길지 않은 상자 조각들만 사용될 수 있다. 탑이 넘어지지 않고 뼈대를 지탱할 수 있도록 안정적으로 지어야 한다.

두 팀은 상호 경쟁한다. 각 팀은 팀의 중앙에 작업의 전 과정을 지켜보는 관찰자 1명을 선택한다. 관찰자는 작업 자체에 참여하지는 않는다. 이 2명의 관찰자가 다음과 같은 기준에 따라 탑을 심사할 수 있는 심사위원단이 된다.

1. 높이
2. 안정성
3. 미(美)

심사위원단이 어떤 기준을 우선으로 해서 평가할 것인지 자유롭게 결정해도 되며 이것을 팀에 전달할 필요는 없다.

두 팀은 탑을 건축하는 데 정확히 한 시간을 사용한다. 심사위원으로부터 가장 좋은 평가를 받은 탑을 가진 집단이 승자가 된다.

두 팀은 가능한 한 서로 다른 공간에서 탑 건축의 작업을 해야 할 것이다.

이어서 먼저 두 팀은 서로 나뉘어서 토론을 하고 그런 다음 다함께 팀 내에서 작업 과정이 어떻게 진행되었었는지, 개개 구성원들이 어떤 역할을 수행하였는지 토론한다. 관찰자는 집단의 보고를 보충한다.

토론을 위한 기본 자료로서 다음 절들에 소개하는 집단 과정 분석을 위한 도구들이 사용될 수 있다.

집단 과정의 분석

우리는 집단 과정을 두 가지 관점에서 분석할 수 있다. 먼저 개개 집단 구성원의 행동을 분석할 수 있고 다른 한편으로 집단을 전체로서 관찰할 수 있다. 이 절에서는 두 가능성에서 설명된다.

여기 제시되는 설문지와 연습을 관찰해 보면서 집단과 집단 구성원의 행동이 공존 과정 중에 어떻게 달라지는지 살펴보자.

모든 작업집단에서 항상 반복되는 역할을 관찰할 수 있다. 즉, 많든 적든 각 집단 구성원들에게 특징적으로 나타나는 특정 행동 유형을 관찰하게 된다. 이러한 역할은 서로 독립적인 것은 아니며 오히려 상호관계 속에 있다. 이 역할관계의 특정한 기본 형태가 대부분의 집단 속에서 반복된다.

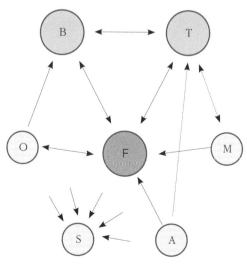

이 그림에서의 알파벳 의미는 260쪽을 보라.

F-집단리더

이 사람은 집단의 목적을 규정하고 조율하는 기능을 갖는다. 그러나 집단에 공식적인 리더가 없다면 리더의 역할은 흔히 B와 T가 그 역할을 나눠 갖는다.

B-인기인

이 사람은 집단을 화합시키는 기능을 한다. 그리고 집단 욕구의 인간적인 측면을 구현한다.

T-유능인

이 사람은 집단 내에 있는 객관적인 욕구를 구현한다. 본질적으로 집단 중심적이라기보다는 목표 중심적이다.

M-추종자

이 사람은 주로 집단리더가 하는 대로 모든 것에 참관하고 따라 행동한다.

O-반대편

이 사람 또한 지도자적 자질을 가지고 있다. 그러나 이 사람은 집단리더가 되지 못했기 때문에 반대편에 서 있다. 특히 무의식적으로 리더의 지위를 인정하지 않기 때문에 집단리더와 특별한 관계를 갖는다.

S-희생양

반대편은 '강한' 집단 구성원이기 때문에 종종 집단 내에서 공격성을 불러일으킨다. 결국 공격성들은 약한 사람, 곧 '희생양'에게 표출된다.

A-이방인

이 사람은 집단 내에 특정한 자리가 없다. 그러나 이런 사람은 그의 상응하는 지적인 자질을 통해서 조언적 기능을 맡을 수 있다.

당신의 집단 내에 이러한 역할이 분배되어 있는지 거기에 대해서 토론하라.

소시오그램

때로 유능인과 인기인에 대한 질문에 답변하는 것이 너무 추상적으로 지각되기도 한다. 그러면 집단 구성원들의 역할행동을 더 분명히 하기 위한 다음과 같은 친절한 집단 연습이 도움이 될 것이다.

연습　각 집단 구성원에게 집단 내에서 다음의 어떤 역할을 선택할 것인지 생각해 보게 하라.

- 대표(사장)
- 개인적인 문제에서 신뢰할 수 있는 사람
- 어렵거나 위험한 탐험의 동행자
- 새로운 아이디어를 위한 토론 상대
- 고독한 섬에서의 동반자
- 운동경기에서의 상대편(적)

각 집단 구성원이 얼마나 많은 역할을 다른 사람에게 배분해도 되는지 합의하라.

그러나 각 집단 구성원은 특정 역할을 오직 한 번만 수여할 수 있다. 여기에 선택을 위한 근거가 제시되어야 한다.

이 연습을 확장하라. 모든 집단 구성원이 사전에 추정해볼 때 그가 누구로부터 어떤 역할로 선택될 것인지 예언하게 하라.

이어서 집단 구성원들의 선택을 화살표의 형태로 그림을 그리라. 그러면 집단관계의 소시오그램을 갖게 된다.

역할행동에 대한 설문지

다음에 있는 설문지는 '좋은' 그리고 '나쁜' 집단 구성원들을 발견하거나 '좋은' 또는 '나쁜' 집단 구성원들을 가려내기 위한 목적이 아니다. 여러분은 집단에서 구성원들이 어떻게 서로 상호작용하는지 그리고 어떻게 상호작용의 형태를 변화시킬 수 있는지 도움을 주어야 할 것이다.

　이 설문에서 얻은 결과는 집단 운영자를 위한 것이 아니고 집단 자체에 대한 피드백으로서 가능할 것이다. 이 설문지를 사용할 경우 여러분은 집단이 이것을 자체적으로 평가하고 그 결과에 대해서 토론하게 하라.

---

1. 집단 구성원 중 어떤 두 사람이 가장 쉽게 다른 사람이 자신의 의견을 변경하도록 영향을 미칠 수 있는가?

　　_____

　　_____

2. 어떤 두 사람이 다른 사람이 자신의 의견을 바꾸는 데 가장 적게 영향력이 있는가?

　　_____

　　_____

3. 집단 내의 어떤 두 사람이 만남의 과정 속에서 가장 강하게 상대에게 반대하는가?

　　_____

　　_____

4. 어떤 두 사람이 전반적으로 집단에서 가장 많이 인정을 받는가?

　　_____

　　_____

5. 어떤 두 사람이 가장 먼저 공격되는 구성원들을 보호하고 방어할 준비가 되어 있는가?

6. 어떤 두 사람이 가능한 한 가장 많이 주목받고자 하는 시도를 하는가?

7. 어떤 두 사람이 집단의 목적을 자기 개인적인 목적으로 삼는 경향이 있는가?

8. 어떤 두 사람이 가장 먼저 개인적인 목적을 위해서 집단 목적을 설정하려는 경향이 있는가?

9. 어떤 두 사람이 가장 많이 과제와 직접적으로 관계없는 주제를 언급하는 경향이 있는가?

10. 어떤 두 사람이 목적을 실현하기 위해 가장 큰 요구를 나
    타냈는가?

    _____

    _____

11. 어떤 두 사람이 집단 토론에서 갈등을 회피하고자 했는가?

    _____

    _____

12. 어떤 두 사람이 강한 의견차이들이 나타나면, 적극적인
    토론에서 발을 빼는 경향을 나타냈는가?

    _____

    _____

13. 어떤 두 사람이 특히 다른 사람들 사이에서 일어나는 분
    쟁을 중재하고자 노력하였는가?

    _____

    _____

14. 어떤 두 사람이 가장 많이 집단의 분위기가 따뜻하고 친
    절하며 편안해야 한다는 바람을 나타냈는가?

    _____

    _____

15. 어떤 두 사람이 집단 내의 권력과 영향력의 관점에서 가장 강한 경쟁자였는가?

_____

_____

16. 어떤 두 사람이 가장 크게 집단 토론을 진행하기 위해서 노력하였는가?

_____

_____

17. 함께 프로젝트를 수행하기 위해서 당신은 어떤 두 사람을 선택할 것인가?

_____

_____

18. 당신은 보통 어떤 두 사람과 가장 적게 이야기하는가?

_____

_____

학습 분위기에 대한 설문

집단 작업을 평가하기 위해서 5개 범주, 리더십 영역, 결정 영역, 정보 영역, 분위기 영역 그리고 비판 영역이 사용된다. 각각의 진술에 1(맞지 않다)에서 5(매우 맞다)까지 평가한다.

리더십 영역

토론은 차례대로 이동된다.　□

대화는 친절하고 조화로우나 거의 객관성이 없다.　□

집단리더는 업무를 조직하기 위해서 매우 노력한다.　□

몇몇의 집단 구성원이 돌아가면서 지도력을 행사하고 토론의　□
주제와 방향을 결정하려고 시도한다.

집단은 상호 협의 속에 과제를 분배한다. 그리고 모든 집단 구　□
성원이 해당되는 시간 안에 자신의 몫을 성취한다.

결정 영역

제안사항들은 공격되거나 무시되지 않는다.　□

사람들은 다른 집단 구성원들의 지지 속에서 제안사항에 열심　□
히 관여한다.

합의가 잘 이뤄진다.　□

한 사람 또는 여러 사람이 자신의 결정을 폭력적으로 관철시키　□
기 위해서 시도한다.

결정사항들은 모두가 동의할 수 있도록 모든 사람들이 참여하　□
는 가운데 작성된다.

정보 영역

☐

정보와 아이디어 그리고 제안사항에 별 사명감이 없다. ☐

대화는 친절하나 거의 객관성에 근거하지 않는다. ☐

다양한 견해와 아이디어가 '합리성'의 관점에서 합의된다. ☐

토론 과정에서 모든 사람이 자신의 관점을 고집하고 관철시키
려하는 경향이 있다. ☐

아이디어와 계획들은 사명감에서 표방된다. 그러나 다른 사람
들도 그것을 확신할 수 있도록 한다. ☐

분위기 영역

대화 분위기는 활기가 없고 별 관심들이 없다. ☐

집단 구성원들은 서로서로 친절하고 공손하다. ☐

대화는 대부분의 사람에게 만족스럽고 흥미롭다. ☐

토론은 격렬하고 관계들은 긴장되어 있다. ☐

토론들은 사명감에 차 있고 활력이 있으며 집단 구성원 모두를
고무시키는 것이다. 긴장들이 존재할 때는 해결 가능성을 찾으려
고 언급된다. ☐

비판 영역

개인이 기여한 바는 거의 또는 전혀 비판되지 않는다. ☐

실수는 예의상 생략하고 넘어간다. ☐

제안사항들은 더 좋은 해결방안을 찾도록 하는 권고와 함께 비판된다. ☐

사람들은 제 자신의 아이디어를 관철시키기 위해서 서로 상대를 비판하고 실수를 지적한다. ☐

아이디어와 제안사항들은 비판적으로 검토되며 가능성에 따라 개선된다. ☐

집단운영

집단이 어떻게 협동하는지의 그 형태는 집단 구성원들의 행동에 의해서만 결정되는 것이 아니다. 집단리더 또한 여기에 책임이 있다. 집단 내에 신뢰로운 또는 개방적인 분위기가 형성되어 있는지 또는 모든 사람이 모든 사람을 상대로 하는 분쟁이 집단의 이미지를 형성하고 있는지 이것 또한 집단리더에게 책임이 있다.

집단리더가 집단 내에서 그의 시위에 특별한 가치를 두고 있지 않을 경우에라도 그리고 집단 구성원의 기능에 더 많은 가치를 두고 있을 지라도 집단리더는 집단 내에서 그의 지위를 통한 특별한 의미를 갖는다.

> 집단리더는 그의 지위를 통해서 어떤 경우라도 특별한 의미를 갖는다. 비록 그가 특별한 가치를 두고 있지 않는 경우에도 마찬가지다!

그의 행동은 곧, 그 어떤 집단 구성원의 행동과 같을 수 없으며 바로 모범으로서의 성격을 갖는다.

집단리더가 공격적이라면 집단 구성원들 또한 그러한 경향을 갖는다. 그가 개방적으로 그 자신과 목표에 대해서 이야기한다면 이러한 모범은 다른 사람들을 격려할 것이다.

우리는 이와 함께 바로 집단리더가 집단 획일화의 상태를 위해서 노력해야 한다고 말하려는 것은 아니다. 곧 모든 사람이 친절을 유지하고 직접 말할 용기를 낼 필요 없이 상냥하며, 가능한 한 다른 사람에게 상처를 주지 않도록 하는 획일화된 집단 분위기를 갖도록 노력해야 한다고 말하는 것은 아니다. 좋은 집단 분위기는 집단 구성원들이 그들의 실질적인, 다양한 목적과 욕구와 그리고 거기에서 발생하는 갈등에 대해서 존중하고 해결책을 찾기 위해서 개방적으로 함께 노력하는 것을 볼 때 알 수 있다.

우리는 집단리더가 그의 지도력을 행사하기 위해서 시도하는 2개의 서로 상반되는 형태를 관찰할 수 있다.

곧 **독재적–설득적 기술**과 **민주적–참여적 기술**을 말한다.

독재적–설득적 집단리더

이런 집단리더의 기본자세는 불신과 불안이다. 그는 집단 구성원들의 능력과 동기에 대해서 거의 신뢰하지 않는다. 그래서 그는 명령과 설득을 통해서 공개적인 또는 비밀스런 영향력을 가지고 집단 구성원들을 조종하고 이와 함께 집단의 학습과 업무의 목적을 달성하기 위해서 시도한다.

설득적 집단리더의 의사소통 행동은 전략적이다. 그는 최종결정을 내리기 위해서 항상 유보적이다. 집단 내 모든 중요한 정보는 가능한 그를 통해서만 전달되고 그는 그 정보를 통제할 수 있으며 모든 순간에 그 자신이 '가장 잘 알고 있는 사람'이 된다. 결정을 관철시키기 위해서 그는 주로 아첨이나 협박을 사용한다. 집단의 분쟁이 나타날 경우에 그것을 비밀로 하는 경향이 있다. 그런 다음 그는 집단 본연의 작업 이전에 정보들을 수집하고 집단작업 없이도 결정을 내리려 시도한다.

조직의 문제를 그는 컨트롤을 통해서 위로부터 해결한다. 조직은 집단 구성원들을 의존성 안에 유지시키기 위해 존재한다. 집단리더는 형식적인 위계와 분명히 구분되는 권위 영역과 업무 규정 및 일정을 우선시한다. 집단리더가 저항을 만나게 될 경우 그의 통제는 한마디로 더 은폐되고 더 치밀해진다.

민주적-참여적 집단리더

참여적 집단리더의 가장 상위 목표는 집단 구성원들의 관계에서 상호 신뢰와 존중을 발달시키는 것이다. 그는 집단이 자신의 욕구를 존중하고 자신의 목표를 스스로 결정할 수 있는 최대한의 자유를 허용하려고 한다.

참여적으로 운영되는 집단은 모든 사람이 결정 과정에 관여한다. 모든 정보와 계획은 집단 내에서 일어난다.

집단리더는 형식이나 규정의 엄격한 수칙을 고집하지 않고 오히려 자발적 행동을 격려한다. 그는 자신의 감정과 욕구를 표현하고 다른 사람의 욕구를 존중하는 것의 모범이 된다.

집단 작업을 조직하는 것은 집단의 규모나 지배적인 실내 분위기만큼 자유롭고 특별한 규정이 없다. 집단 구성원들 간의 책임과 업무와 분배는 형식이다. 권력욕이나 조종하고자 하는 힘에 의해서 만들어지는 것이 아니다. 오히려 집단 구성원의 능력과 소망에 따라서 그리고 객관적인 요구에 의해서 결정된다.

집단운영–집단 분위기

작업집단 내 어떤 분위기가 지배하고 있는지 우리는 집단 내에서 다음의 네 가지 질문이 해결되는 방식을 통해서 알아낼 수 있다.

1. 집단 구성원들의 관계는 서로 어떤 형태를 띠는가?
2. **정보**가 어떻게 다뤄지는가?
3. 집단의 **목표**가 어떻게 결정되는가?
4. 일의 **조직**과 **통제**의 문제가 어떻게 해결되는가?

다음 표에 설득적 또는 참여적 집단리더가 어떻게 문제를 해결하는지 제시되어 있다.

운영	독재적–설득적	민주적–참여적
관계	공포 불신 피상적	개방성 타인 신뢰 자기 신뢰
정보	전략 왜곡 비밀 유지	즉시성 전달 해명
목표	조종 설득 위협	자기 결정 존중 문제 해결
조직	형식 통제 위계	객관성에 기초 과제 분배 상호 의존

사용한 기술에 상응하게 집단은 반응한다. 어떻게 집단 구성원들이 관계, 정보, 목표 및 조직의 문제와 관련하여 행동하는지 우리는 다음의 개관에서 보게 된다.

	설득적 리더에 대한 집단반응	참여적 리더에 대한 집단반응
관계	상호 간 불신, 개인적 부족함에 대한 두려움, 주도성에 대한 저항, 형식적 예의 또는 공손함, 보호욕구에 의한 도당(짝) 형성, 인정에 대한 욕구, 획일적이고 의식적 행동	집단 구성원에 대한 긍정적 정서, 개인적 자족감, 다른 사람의 동기에 대한 존중, 정서와 갈등에 대한 개방적 표현
정보	전략적 정보의 교환, 요령과 술책의 사용, 비밀 유지와 정보의 왜곡, 정보를 통한 압력, 유언비어, 위장과 주의	정보의 개방적 교환, 새로운 정보의 존중, 다량의 상호 피드백, 목표의 바탕이 되는 정보와 욕구들이 전달됨, 정서적 내용을 담은 다량의 정보, 피상적 대화행동은 와해돼 감
목표	능동적 또는 수동적 저항, 적은 소명의식, 이기성의 증가, 극단적으로 부산하거나 극도로 무관심한 작업, 경합을 통해서 결정, 경쟁과 질투, 권위 및 지도자를 향한 호소	갈등의 해결, 큰 소명의식과 참여, 공동의 해결방안 제안
조직	권력 및 위계 속에서 영향력을 보살핌, 구조와 절차 문제를 형식화함, 형식적 업무규정, 업무를 권력 관점에서 분배함, 무질서 또는 경직된 강박	업무 구조에 대한 적은 욕구, 업무 분배는 객관성에 기초함, 업무의 융통성 있는 조직, 과제를 공동으로 분배함, 즉시적이고 창의적인 과제 해결, 위계 또는 지위의 문제에 대해 관심이 적음

TCI(주제 중심 상호작용)가
팀과 지도자를 더 성공적으로 만든다

학습집단 및 회의에서의 토론은 표면적으로는 같은 목적을 갖지만 이것들은 종종 희망하지 않은 경과를 갖게 된다. 집단리더가 가부장적이지 않다면 그리고 협동적으로 운영을 한다면 그는 아마 개방적인 집단 분위기를 만들어 낼 것이다. 그 집단에서는 관여되는 모든 정보가 가능한 마찰 없이 교환될 수 있을 것이다.

> 대화는 종종 참여자들이 그들 사이에 존재하는 긴장에 대해서 의식하지 못하기 때문에 빗나간다.

대화는 종종 서로 빗나간다. 왜냐하면 참여자들이 그들 사이에 존재하는 긴장을 거의 의식하지 못하기 때문이다. 아이었을 때부터 우리는 긴장은 원하는 것이 아니라고 설득당했다("우리는 절대 싸우려는 것이 아니다!").

긴장과 공격성은 곧 금지되었기 때문에 우리의 마음은 종종 정서적 문제를 주지화하는 세련된 메커니즘을 발달시킨다. "당신은 제발 개인적으로 해석하지 마세요. 그러나……."이러한 그리고 비슷한 표현방식은 바로 그것에 해당하는 표시이다.

두 번째 대화의 장애는 심층심리학적인 특성이라 해야 할 것이다. 정보의 교환은 대부분 새로운 경험의 교환을 의미한다. 우리가 어떻게 보아 왔는지 우리의 경험들은 바로 우리의 자기 이미지와 정체성의 바탕이다. 새로운 정보에 대한 반응은 그래서 먼저 본능적인 방어이며 우리의 자기 이미지를 흔들 수 있기 때문에 저지해야 할 정당한 방어이다. 이때 우리의 무기는 잘 알려진 살인문구이다. "우린 절대 그렇게 한 적이 없어!" "누가 이런 고지식한 플랜을 만든거야?" "이것은 이미 항상 있었던 거야!"

다음과 같은 세 가지 요인들, 곧 불안스런 갈등 회피, 새로운 경험에 대한 방어 반응, 잘못된 리더십 형태. 이 세 가지가 바로 대화 집단의 구성원들을 대부분 상호 간에 그리고 자신을 위해서도 딴소리를 하게 하는 요인이다.

연습 과정의 관찰

다음 업무회의에서 대화의 내용뿐만이 아니라 대화의 과정에 대해서도 주목할 경우 다음과 같이 아주 쉽게 자기 자신을 검증할 수 있다.

- 누가 누구와 함께 또는 누구를 상대로 이야기하는가?
- 객관적 진술이 특정한 사람에 대한 은폐된 공격을 포함하고 있는가?
- 중요한 사실들이 이야기되지 않은 채 남아 있는가?
- 몇 사람들은 그들이 실제로 말하고 있는 것과 완전히 다른 것을 의도하는 것처럼 보이는가?

이런 과정의 관찰을 통해서 금새 분명해지는 것은 긴장과 갈등은 그것이 "객관적 근거가 없다."라고 해서 단순히 제거되지 않는다는 것이다.

예를 들어, 회의 참여자가 "도대체 누가 이런 계획을 만들었어?"라고 물을 때 "그것은 지금 본 것과는 아무 관계가 없어!"라고 답한다면, 이것은 객관적으로는 전혀 반박의 여지가 없다("우리가 지금 여기서 개인적이 될 필요는 없잖아!"). 그러면 질문을 했던 사람은 이 답변을 인정해야만 할 것이다. 그러나 이와 함께 무엇이 실제적으로 의도되었는지는 진술되지 않고 남아 있게 된다. "나는 조직의 대표가 사업 운영을 나 모르게 내 등 뒤에서 했었다고 의심했었다. 나는 무시되었다고 느꼈고, 이 계획을 거부하기로 결심했다!" 이러한 의도를 말이다.

우리는 이와 함께 모든 대화 과정에서의 핵심 문제에 도달하게 된다. 곧 모든 일의 참여는 항상 사적이며 그와 함께 정서적 요인을 포함하고 있다.

보편적으로 확인된 바로는, 좋은 대화 진행의 과제는 업무 목표의 달성에 주목하면서 참여자의 개인적 정서를 가능한 한 완화하는 데 있다. 이러한 원칙은 앞에서 언급했던 이유들로 기능하지 않을 수 있다. 모든 참여자들이 상호 존중하고 문제를 개방적으로 이야기할 수 있는 우호적인 업무 및 대화 분위기를 형성하기 위해서, 객관적인(업무적) 사실을 명료화하는 것 외에도 대화 참여자들의 사회–정서적 관계들을 분명히 하는 것이 필수적이다.

대화 과정에서 다음과 같은 세 가지 요인들이 고려되어야 한다.
1. 주제와 관련된 욕구(객관적 차원 – '그것')
2. 개인의 욕구(농기적 차원 – '나')
3. 집단 내의 관계(관계의 차원 – '우리')

대화집단이 성공적이 되기 위해서 대화의 리더는, 즉 비개인적인 교육, 학습 그리고 상호작용의 과정이 개인적 차원이 되도록 해야 할 것이다.

집단리더는 일종의 요술봉이 필요하다. 그것으로 요구되는 그것과 우리 그리고 나의 균형을 형성할 수 있도록 말이다.

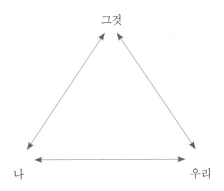

그 요술봉이 바로 TCI(Theme Centered Interaction, 주제 중심 상호작용)이다. 이 단어 뒤에는 보다 실용적인 집단역학적 상호작용 규칙의 모음이 숨어 있다. 이것은 이 개념이 개발된 이후 집단의 시급한 문제들을 종전보다 더 잘 해결할 수 있도록 많은 집단에 도움을 준 것들이다. 이 TCI는 루스 콘(Ruth Cohn)이 집단역학과 상호작용 이론의 핵심을 가지고 개발한 것이다.

> 대화집단의 긴장들은 억압되어서는 안 되고 오히려 가시화되도록 명료해져야 한다!

TCI의 기본 생각은 이러한 방법의 상호작용의 원칙이 집단 참여자들에게 이들이 객관적 문제를 간과하지 않으면서, 문제해결과정에 영향을 미치는 집단역학에 대해 좀 더 민감해지도록 요구한다는 것이다.

TCI의 규칙은 우선 한마디로 놀라움을 금치 못할 정도로 대단하다. 그러나 당신이 이러한 확인 지점에 스스로 도달하기 전에 한번 의도적으로 이 규칙의 관점에서 다음 콘퍼런스나 팀 회의에 비판적으로 참여해 보라. 그러면 얼마나 자주 이것들이 위반되는지 매우 빨리 확인하게 될 것이다!

일곱 가지 TCI 규칙

1. 모든 사람은 각자 자신에 대한 책임이 있다!
당신이 원한다면 말을 하거나 침묵하라. 그러나 당신이 불편한 이유를 다른 사람의 책임으로 전가하지는 마라. 당신이 다른 사람 때문에 불편감을 느낀다면 당신 자신을 변화시킬 수 있다. 집단리더뿐만이 아니고 당신들 모두가 과제의 성공과 실패를 위해서 책임이 있다.

2. "사람들은" "우리들은"이라는 방식으로 말하기보다 "나는"이라는 방식으로 말하라!
곧 "우리 모두는 물론 이렇게 생각하고 있지만……."이라든가 "사람들은 그렇게 해야만 할 것이다……."와 같은 방식으로 말하지 마라. 이것은 종종 진정한 동의는 아니라는 것을 암시한다. '나'에 대한 용기를 가지고 개인적 사명감의 위험을 감수하라!

3. 질문은 당신에게 어떤 의미가 있는지 설명하면서 질문을 유도하라!
개인적 진술들은 보통 비진실된 질문들보다 낫다. 그것들은 개인적 입장을 명료화하고 다른 사람이 개방적이 되도록 돕는다. 취조적 질문은 종종 은폐된 공격을 포함하고 있고 그래서 방어와 대항 공격을 생산해 낸다("누가 도대체 이런 계획을 만들었어?"). 즉, 개방적으로 말하라! 이 질문이 당신에게 개인적으로 왜 중요한지에 대해서.

4. 여러 사람이 동시에 이야기하고자 한다면 계속해서 사안의 주제를 다루기 전에 먼저 대화의 과정에 대한 합의가 선행되어야 한다!

이런 방식으로 대화 참여자들의 상이한 관심사들이 매우 빨리 해명될 것이다. 바로 이것이 주로 말하는 사람이 항상 자신을 관철시키는 것을 저지하게 될 것이다. 곧, 한번에 한 사람만 이야기하도록 해야 할 것이다.

5. 대화의 장애(소통의 문제)는 우선적으로 다루어져야만 한다!

참여자들 사이의 잡담, 집중곤란, 지루함, 분노 또는 피곤함 등은 종종 방해하지 않으려고 그냥 넘어간다. 그러나 흔히 바로 이러한 '방해'에 집단을 위해 본질적이고 흥미로운 문제가 자리 잡고 있을 수 있다. 이러한 방해들이 다루어지지 않는다면 집단 참여자의 집단에 대한 접촉은 사라지고 집단의 업무 능력이 감소할 것이다. 경험한 바로는, 이런 소통의 문제를 처리하면서 발생하는 시간 소모는 집단의 상호 이해에 대한 더 개선된 언어법을 통해서 그리고 집단의 더 개선된 업무능력을 통해서 보상될 수 있다.

6. 다른 사람에게 해석하는 일을 피하라. 그 대신 차라리 당신이 개인적으로 자각하는 것과 당신의 반응에 대해서 전달하라!

해석은 대부분 잘못되었고 거의 도움이 되지 않으며 방어기제만을 촉진할 뿐이다. 곧 "당신은 불손해!" "당신은 대화 진행 자체를 훼손하고 있다!" 이러한 것 대신에 차라리 "나는 당신이 내가 말할 때마다 비웃는 것 같아서 화가 나요." 또는 "당신이 내 말을 두 번이나 중단시켰기 때문에 방해받는 것처럼 느껴져요."라고 말하라. 당신은 이와 함께 다른 사람들이 자기 자신을 더 잘 알 수 있도록 돕는다. 그리고 대항공격보다 오히려 해명을 기대할 수 있게 된다.

7. 전 집단을 향해서 진술하지 말고, 항상 특정 사람을 향해서 진술하라!

당신은 곧 "이런 분위기에서는 전혀 생산적으로 일할 수가 없어!" 또는 "나는 이 팀에서는 편안함을 느낄 수 없어!"라고 말하는 대신에 "X 씨, 당신이 왜 이 회의에 참여하고 있는지 제게는 전혀 분명하지 않습니다."라고 말하라. 당신은 항상 집단을 상대하고 있는 것이 아니라 때로 완전히 상이한 동기와 욕구를 가진 몇 사람들과 상대하고 있다는 것을 기억하라. 그래서 집단이 아니라 바로 그 사람들에게 말을 건네라.

왜 이런 규칙에 주목하는 것이 그렇게 긍정적인 지금까지의 경험에 의하면 집단 분위기에 심지어 놀랄 만한 효과를 나타내는가? 모든 사람에게 공통되는 것으로서, 이 규칙들이 집단의 개인적 관계차원을 보다 더 강화해서 대화에 관여하도록 하고, 집단 참여자들의 지기 책임감을 점점 더 명료히 한다는 것이다. 이와 함께 긴장들은 억압되는 것이 아니라 오히려 가시화되고, 또한 비생산적인 역동은 중단되게 된다. 앞에 기술된 그것, 우리, 나 사이 균형에 도달되지 못하고 사안에 집중되는 대화 속에서는 그러나 우리와 나의 욕구들이 차단되지 않을 것이다. 이러한 사실이 과제 중심의 토론 및 회의의 지도자의 의식 속에 더 많이 기억된다면 오랫동안 비생산적인 토론을 하는 것이 방지될 수 있을 것이다. 이와 함께 TCI 규칙을 활용하는 것은 평범한 업무 대화에서는 항상 너무 시간 소모가 크다는 이의에 대해서 다음처럼 답변할 수 있다. 개선된 업무 분위기와 더 개선된 상호 이해 그리고 이것을 통해서 가능해진 문제의 효과적인 처리가 부가적인 시간 소모를 더 많이 보상해 줄 것이다.

정답표

34쪽 검사: 크기 순으로 모양을 정리하는 것

C (1); H (2); A (3); B (4); G (5); I (6); D (7); J (8); F (9); E (10)

36쪽 NASA 우주공간 게임

15. 성냥개비

    달에서는 아주 조금 필요하거나 전혀 필요하지 않음

4. 농축식품

    일상의 식량 보급품

6. 50보 길이 나일론 줄

    다친 사람을 운반하거나 기어오르는 데 필요함

8. 낙하산

    햇빛 차단용

13. 휴대용 난방기구

오로지 어두운 공간에 필요함

11. 2개의 45구경 권총

독촉 시도를 위해 사용할 수 있음

12. 분말 우유

물과 함께 마실 수 있는 음식물

1. 2개의 100파운드 산소통(약 45kg)

호흡에 필수적

3. 행성지도(별좌지도)

방향을 설정하기 위해서 가장 중요한 보조도구

9. 자동 공기 충전 생명구조 부표(뗏목)

계곡을 넘기 위한 장치로서(뗏목을 충전시키는) CO_2 통

14. 자석 나침반

달에는 아마도 양극의 자장이 부재할 것이기 때문에 불필요함

2. 5갤런(약 19L)의 물

땀을 흘리면서 생기는 수분 상실을 보충할 물

10. 발광체(신호탄)

가시거리에 있을 경우 위기 신호

7. 주사기가 든 응급처치 가방

중요한 약품 또는 주사기

5. 태양에너지 작동 초단파 송수신기

위급신호 발신기

51쪽 미프와 보르 문제해결 게임

A에서 D까지 가는 데 23/30보르 달려가야 한다.

72쪽 창의성 연습: 9개의 점들을 연결하기

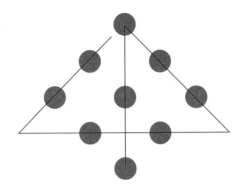

108쪽 협동 게임: "할 수 있는 만큼 많이 얻으라!"

게임 참여자들은 이 게임에서 게임리더로부터 주어진 전체 200점(전체 '판돈')을 얻을 수 있다. 그것은 오직 4명의 모든 짝들이 공동의 전략을 쫓을 경우에만 그렇다('빨강'을 선택할 경우에 각 짝들은 10번의 게임회기가 경과하는 동안 자신의 25점에 다시 25점을 더한 이윤토큰을 얻을 것이다. 계산을 해 보라!) 이와 반대로 각 짝들이 독자적으로(가시적으로는 유리해 보이는) 색채인 '검정'을 선택한다면(물론, 네 번 중 세 번의 경우에 이윤을 가져올 수 있다) 짝들은 25점의 시작 판돈을 잃어버릴 수 있는 가능성이 있다(모든 짝이 모든 라운드에서 '검정'을 선택했을 경우이다!). 그러면 이 경우에는 게임리더가 모든 판돈을 끌어모은다!

즉, 게임의 경과 중에 네 쌍의 짝들도 독자적인, 혹은 다른 짝들과 공동으로 함께할 수 있는 가능성 속에서 게임리더에게서 판돈을 가지고 왔다갔다 갈피를 못 잡고 이윤을 얻거나 빼앗길 수 있다.

모든 짝이 서로 합의할 수 있을 경우에만 게임리더는 아무것도 얻지 못한다.

오직 좋은 협동을 통해서만 공동의 이윤이 상승된다. 기억하라, 게임 규칙은 오직 다음과 같았다. "할 수 있는 만큼 많이 얻으라!"

게임 후에 이 규칙이 전 집단을 위한 목표로서 주도되었는지 아니면 자기 '패'를 위한 지시로 사용되었는지 토론하라.

215쪽 연습: 신체언어의 해석

각 형태들에 지정된 신체언어의 해석은 다음 중에서 오로지 하나에만 해당된다는 것에 주의하라!

형태 A:
무관심한, 과시적인, 단념하는, 의심하는, 미심쩍어하는

형태 B:
자족하는, 참을성이 없는, 과시적인, 자유분방한, 분노하는

형태 C:
놀라는, 지배적인, 불신하는, 우유부단한, 거리를 두는

형태 D:
부끄러워하는, 불안정한, 낯설어하는, 겸손한, 우울한

전문 게임리더를 위한 팁

　여러분이 이 책의 게임과 연습을 지인들 간의 놀이로서 사용하는 것이 아니라 워크숍이나 또는 집단역학의 개선을 위한 목적으로 사용하고자 할 경우에 평가를 위한 몇 개의 팁을 전달하고 싶다.

　우선 집단 참여자들에게 이 게임과 연습의 내용은 부차적이라는 것, 근본적인 것은 그들과 함께 집단이 일상생활에서 계속해서 관계하는, 즉 결정을 내리고, 갈등을 해소하고, 합의를 이끌어내는 또는 과제를 계획하고 실행하는 상황과 문제에 대해 모의실험해 보는 것이라고 알리는 것이 중요하다……. 그래서 집단 참여자들에게 좋은 의도로 게임 상황에서 결정을 내리고 협상을 하고 문제를 해결하는 그들의 행동이 그들의 실제 상황의 방식에서 그다지 차이가 나지 않는다는 것을 제시할 수 있다.

　제시된 게임과 연습들은 곧 근본적으로 유도기능이다. 이것은 오직 뒤따르는 대화를 위한 토대이고 자극일 뿐이다. 전문적인 훈련 속에서 이 연습은 그 자체가 목적이 되어서는 안 된다. 만약 그렇지 않다면 당신에게 존재하는 문제가 오히려 공개되기보다는 은폐되는 위험이 있다.

그래서 근본적으로 당신은 게임과 연습의 세심한 **평가**를 위해서 충분한 시간을 가질 필요가 있다.

뒤따르는 토론은 곧 부속물이 아니라 오히려 가장 중요한 구성성분이다(그리고 그 무엇도 이 게임을 통한 토론들이 집단의 실제적인 협동문제로 합류되는 것에 반하지 않는다).

게임은 실제 상황이 아니기 때문에 사람들은 실제와 완전히 다르게 행동할 것이라는 주장에 현혹되지 마라(예를 들어서 "이 사람아 화내지 마."와 "Malefiz", 주사위 놀이 경험을 생각해 보라. 거기에서도 일상적인 동료의 행동방식이 얼마나 빨리 나타났었는지 당신의 경험을 한번 생각해 보라). 즉, 게임은 일반적으로 협동작업의 현실을 놀랄 만큼 유사하게 재현한다!

계속해서 성공적인 평가의 전재는 이 게임이 진행되는 동안에 갖게 된 참여자들의 체험들은 뒤따르는 대화 속에서 가능한 한 **개방적으로** 이야기되어야 한다는 것이다.

종종 이 요구는 물론 간단하게 실현되지는 않는다. 새로운 경험들, 특히 자기 자신에 대한 새로운 경험들은 상황에 따라서 상당한 정도로 자기 자아상에서 혼란을 초래한다. 이것은 토론에서 전형적인 도피행동으로 나타날 수 있다.

고집스런 침묵이나 공격성 그리고 게임들을 '멍청한' 또는 '웃기는'이라고 느끼는 것. 그리고 서로서로 미안해하거나 또는 집단리

더에게 불평하는 것 등, 바로 그러한 행동들이 여러분이 주목해야
하는 반응들이다. 이런 행동방식은 자신의 행동에 대한 분석으로
부터 그리고 얻어진 체험들에 대한 분석으로부터 도피하는 것으로
해석할 수 있다.

경험이 많은 집단리더는 이것을 매우 빨리 인식하고 그래서 그
에 맞게 중재할 수 있다. 예를 들어, 집단이 서로 어떻게 상호작용
하는지에 대해서 상호작용함(즉, '상위 상호작용')으로써……

만약에 특별히 평가 토론회와 같은 특정한 교류 형태를 위해서
이미 집단의 중재를 약속했었다면 일이 훨씬 쉬울 것이다.

중요한 규칙들을 다음과 같이 정리했다. 이 규칙들을(157쪽) 적
절한 피드백을 위해서 그리고 주제 중심적 상호작용(281쪽)을 위해
서 다시 한번 살펴보라.

그리고 이 규칙들이 집단리더로서 여러분 자신에게 통용된다는
사실은 자명한 일이다!

평가 토론회를 위한 일곱 가지 규칙들

1. 여러분은 자신이 오직 하기를 원하는 그런 경험들을 또한 할
   수 있다.

   처음부터 방어적인 태도를 가지고 게임에 접근한다면 이러한 자
   세가 여러분에게 자연스럽게 나타날 것이다('자기 충족적 예언').

   *게임이 진행되는 동안에 자기 스스로에게 개방적이고 새롭고
   또한 익숙하지 않은 체험을 위해서도 개방적이 되도록 자신
   에게 약속하라.*

2. 게임에서 집단 참여자들이 자신에 대한 새로운 체험과 정보를 얻는 것을 보여주면서 당신을 도울 것이다.

   여러분도 게임과 연습의 진행 중 가졌던 체험과 경험에 대해 이야기하는 자세를 보여 줌으로써 다른 사람을 도우라.

3. 다른 사람에게 진실을 말하는 것은 종종 불편하다. 그러나 모두가 자신에 대해서 체험하기를 원하여서 게임과 연습에 참여하고 있다는 것을 생각하라.

   곧, 여러분이 다른 사람에게 그들을 어떻게 느꼈는지 거기에 대해서 개방적으로 이야기하기를 시도해 보라!

4. 집단에서 여러분의 행동과 집단 참여자들의 행동은 '우연'이 아니다. 여러분이 사회화 과정에서 학습했었던 행동방식을 무의식적으로 반복하게 된다.

   집단 내에서 다른 사람에 대한 여러분의 관계를 개방적으로 이야기함으로써 자신과 다른 사람을 위해서 거기에 대해 해명하도록 시도해 보라!

5. 대화하는 모든 내용의 뒤에는 동기가 숨어 있다. 그리고 대부분은 특정한 다른 사람이 그와 관련되어 있다.

   그래서 여러분은 집단 전체가 아니라 항상 개별적으로 개인에게 말을 걸으라!

6. 우리는 이성적인 가면 뒤에 분노와 공격성 또는 호감이라는 정서 앞의 불안을 은폐하고 있다.

   그래서 객관적인 설명과 함께 지적 도피를 행함을 방지하라. 그것은 절대 진정한 전달메시지가 아니다. 정직하게 현재의 자신의 정서를 탐색하고 그것을 전달하라!

7. "사람들이 일반적으로 알고 있는 것은……"이라든가 "나는 항

상 어려움이 있어⋯⋯"와 같은 보편적인 화법으로는 여러분
은 자신의 현재의 정서와 생각을 공개하는 것을 피하게 된다.
그래서 항상 집단상황의 '지금 여기에서'의 자신의 느낌에 관
련지어 자신을 알리도록 시도하라!

∥ 참고문헌 ∥

Abt, Clark C.: Ernste Spiele. Lernen durch gespielte Wirklichkeit. Köln
(Kiepenheuer & Witsch) 1971

Antons, Klaus: Praxis der Gruppendynamik. Übungen und Techniken.
Göttingen (Hogrefe) 2000

Asch, S.E.: Forming impressions of personality. Journal of Abnormal and
Social Psychology, 41 (1946), S. 258 - 290

Bales, Robert F.: Symlog. Ein System für die mehrstufige Beobachtung
von Gruppen. Stuttgart (Klett-Cotta)1982

Birkenbihl, Michael: Train the trainer. Arbeitshandbuch für Ausbilder und
Dozenten. Landsberg/Lech (Verlag Moderne Industrie) 2002

Blake, Robert Rogers; Mouton, Jane S.: Verhaltenspsychologie im Betrieb.
Düsseldorf (Econ) 1992

Bradford, Leland Powers (Hrsg.): Gruppen-Training. T-Gruppentheorie
und Laboratoriumsmethode. Stuttgart (Klett) 1972

Brocher, Tobias: Das unbekannte Ich. Eine Einführung in die Psychologie
des Alltags. Reinbek b. Hamburg (Rowohlt) 1977

Brocher, Tobias: Gruppendynamik und Erwachsenenbildung. Zum
Problem der Entwicklung von Konformismus oder Autonomie in
Arbeitsgruppen. Braunschweig (Westermann) 1980. Neuauflage als:
Gruppenberatung und Gruppendynamik. Leonberg (Rosenberger
Fachverlag) 1999

Claessens, Dieter: Rolle und Macht. München (Juventa) 1974

Clark, Charles: Brainstorming. Methoden der Zusammenarbeit und Ideenfindung. München (Verlag Moderne Industrie) 1979

Cohn, Ruth C.: Von der Psychoanalyse zur themenzentrierten Interaktion. Stuttgart (Klett) 1975

Fast, Julius: Körpersprache. Reinbek b. Hamburg (Rowohlt/Wunderlich) 2001

Genser, Burkhardt; u.a.: Lernen in der Gruppe. Theorie und Praxis der themenzentrierten interaktionellen Methode (Ruth C. Cohn). Hamburg (Arbeitskreis f. Hochschuldidaktik) 1972

Hofstätter, Peter Robert: Gruppendynamik. Kritik der Massenpsychologie. Reinbek b. Hamburg (Rowohlt) 1982

Hofstätter, Peter Robert; Tack, Werner H.: Menschen im Betrieb. Stuttgart (Klett) 1967

Hinst, Klaus (Hrsg.): Wir und die anderen. Eine Sozialpsychologie des Alltags. Reinbek b. Hamburg (Rowohlt) 1976

Ie, Oswalt: Der Mensch lebt nicht vom Geld allein. Was jeder über Betriebspsychologie wissen muss. Hamburg (von Schröder) 1967

Luft, Joseph: Einführung in die Gruppendynamik. Stuttgart (Klett-Cotta) 1986.: Taschenbuch-Ausgabe: Frankfurt a. M. (Fischer Taschenb.-Verl.) 1993

Mayo, Elton: Probleme industrieller Arbeitsbedingungen. Frankfurt a.M. (Verl. d. Frankfurter Hefte) 1949

McGregor, Douglas: Der Mensch im Unternehmen. München (Econ) 1982

Mills, Theodore M.: Soziologie der Gruppe. München (Juventa) 1976

Moore, Robert Emmet: Die Tür zum Mitmenschen in Beruf und Familie. Düsseldorf (Econ) 1963

Moshack, Gustav: Menschen arbeiten miteinander. Stuttgart (Konradin) 1958

Oldendorff, Antoine: Grundzüge der Sozialpsychologie. Betrachtungen über die Problematik der sozialen Wirklichkeit. Köln (Bachem) 1965

Pfeiffer, J. William; Jones, John E. (Hrsg.): Handbook of Structured Experiences for Human Relations Training. Pfeiffer & Company 1981

Popitz, Heinrich: Der Begriff der sozialen Rolle als Element der soziologischen Theorie (Mohr Siebeck) Tübingen 1975

Richter, Horst-Eberhard: Die Gruppe. Hoffnung auf einen neuen Weg, sich selbst und andere zu befreien. Reinbek b. Hamburg (Rowohlt) 1987. Neuausgabe: Giessen (Psychosozial-Verlag) 1995

Rohn, Walter Ernst: Führungsentscheidungen im Unternehmensplanspiel. Essen (Girardet) 1964

Rosenkranz, Hans; Geißler, Karlheinz A.: Pädagogik für Ausbilder. Curriculare Ansätze zur psychologisch-pädagogischen Qualifikation von Ausbildern im Betrieb. Wiesbaden (Gabler) 1977

Ruhloff, Jörg: Ein Schulkonflikt wird durchgespielt. Heidelberg (Quelle u. Meyer) 1970

Schmidbauer, Wolfgang: Sensitivitätstraining und analytische Gruppendynamik. München (Piper) 1974

Schutz, William C.: Freude. Abschied von der Angst durch Psycho-Training. Reinbek b. Hamburg (Rowohlt) 1971

Setzen, Karl M.: Die Gruppe als soziales Grundgebilde. Heidenheim (Heidenheimer Verlagsanstalt) 1971

Shubik, Martin.: Spieltheorie und Sozialwissenschaften. Frankfurt a.M. (S. Fischer) 1965

Sikora, Joachim: Die neuen Kreativitäts-Techniken. Mehr Erfolg durch schöpferisches Denken. München (König) 1972

Vopel, Klaus W.; Kirsten, Rainer E.: Kommunikation und Kooperation. Ein gruppendynamisches Trainingsprogramm. München (Pfeiffer b. Klett-Cotta) 1993. Neuauflage: Salzhausen (iskopress) 2000

Werner, Hans Detlef: Motivation und Führungsorganisation. Leitlinien zur

Erneuerung betrieblicher Führungspraxis. Heidelberg (Sauer) 1972

Zwicky, Fritz: Entdecken, Erfinden, Forschen im morphologischen Weltbild. München, Zürich (Droemer-Knaur) 1971

▎찾아보기 ▎

6-3-5 방법 63

NASA 우주공간 게임 35

X 이론 130

X 타입 130

Y 이론 131

Y 타입 130

ㄱ

가면 그리기 154

가상현실 231

감정표현 능력 169

개념 60

개별 작업 32

객관적 타인평가 18

거리 규칙 219

거리구간 216

게임 규칙 246

결정 201

결정 과정 47, 233

결정 매트릭스 89

결정구조 95

경영권 246

경청 204

경험 253

계획놀이 233, 243

공간감촉 222

공식적 지도력 122

공적 자기 20

과정의 관찰 278

과제 중심적 44

과제에 맞춘 행동 40, 42

관계 궤도 248

관계 규범 183

관계의 구조 178

교외(건설 프로젝트) 238

권력 118, 169

권력 중심 유형 171

권력의 분배 175

권위 174

권위의 해체 124

규칙 순환 139

규칙 순환의 모델 140

기대 분석 190

ㄴ

나 진술 56

나 진술법 57, 58

나쁜 사람 105, 106

나쁜 집단 작업 55

능력 252

ㄷ

다변가 78

다수의 결정 73

대역 228

대항 압력 254

대화 규범 182

대화 규칙 207, 209

더 좋은 의사소통 56

도당 108

도피행동 175

독립성 61

동기의 열쇠 54

동기화 54

동역학 216

동일시 54, 248

동형형성 228

따돌림 223

ㅁ

만족감 33

맹점 152

맹점의 창문 20, 142

모래상자놀이 231

모의실험 234

모폴로지 상자 60

목표 72

무의식 214

무의식의 영역 21

미프와 보르 게임 50

ㅂ

빔주 60

브레인스토밍 63

비공식적 지도력 122

ㅅ

사랑 169

사실 200

사적 개인 22

사적 자기 21

살인 문구 68, 69

상담의 기술 199, 202

상상-결투 227

상위 상호작용 291

상호 피드백 149

상호의존성의 단계 176

상호의존적 척도 176

상호작용 38

상호작용 과정 82

상호작용 규범 184

상호작용 시스템 124

상호작용 중심적 44

상호작용망 123, 125, 127

상호작용에 맞춘 행동 40, 43

서면 브레인스토밍 66

성격 253

성격 유형 25, 28

성공적 집단 68

성과 33

성과 중심 136

성의 전쟁 87

소속감 33, 105

소속감의 정서 106

소시오그램 224, 261

소외감의 불안 247

수학적인 게임이론 89

숨겨진 정서 214

시간 압축 234

신뢰 22

신뢰 지표 113, 115

신분 문제 246

신체언어 213

심리사회적 도식 248

ㅇ

아이디어 제동자 68, 71

애정 중심 유형 171

억압 38

억압된 공격성 170

억압된 정서 170

역 의존성 175

역할 259

역할 놀이 246

역할관계 259

역할행동 262

오리엔테이션의 문제 84

욕구 118

욕구 규범 184

우리-정서 108, 113, 118

원-고리-별의 게임플랜 실험 128

의도와 영향 191

의도와 행위 192

의미 있는 과제 분배 53

의사소통 유형 96

의사소통의 방식 47

의사소통의 치료 100

의사소통의 피라미드 207

의존성 175

의지 252

이성 중심 유형 172

인간 중심 136

인공두뇌학 모델 139

인습적 상상 61

인터뷰 게임 196

일 251

일방적인 상호작용 39

ㅈ

자기 분리 106

자기 안으로 가는 길 226

자기 이미지 18, 24

자기주장 54

자기중심적 44

자기중심적인 행동 53

자신에 대한 정보를 지불 23

자신에게 맞춘 행동 40, 42

자유 22

자유롭게 있기 22

재확인(피드백) 139

쟁의 246

저속도 촬영 234

저속도 촬영기법 233

저항 204

적응 54

적응의 강박 247

전달 44

전문 게임리더 289

접촉과 거리에 대한 정서 58

정서 규범 184

정서적 능력 172

정체성 118, 248

조언 199

죄수의 딜레마 91

주제 중심 상호작용 277

지도자 121

지식 252

직업선택 156

진단 200

집단 규범 181, 182

집단 규범에 대한 평가표 183, 185

집단 마비 84

집단 분위기 275

집단 상호작용의 진단 80

집단 압력 254

집단 작업 32

집단 형성 148

집단 획일화 272

집단리더 271

집단운영 271, 275

집단의 성과 48

집단의 협동행동 75

집단접촉 221

짝 인터뷰 151, 153

ㅊ

창의성 59

창의적 인성 60

처벌 규범 184

추정된 타인평가 18

츠비키 상자 60

친밀감 118, 174

침묵 게임 75, 78

침묵하는 소수 73

ㅌ

타협 43

토론 99

팀워크 32

ㅍ

평가 243

플랜−플레이 233

피드백 22, 23, 141, 145, 157

피드백 수신 160

ㅎ

학습 251

해결방법 72

행동 창문의 '맹점' 20

행동 프로그램 186

행동격자 136

행동규범 232

협동 43, 71, 233

호손실험 32

힘(권력)의 분배 174

힘의 병합 31

▌저자 소개 ▌

Rainer E. Kirsten

함부르크 대학교에서 해외무역 전공을 거쳐 경제교육학, 사
회학, 심리학을 공부했다. 대학을 졸업한 후에는 폭스바겐
재단의 연구 프로젝트 형태로 '의사소통 및 협동업무 증진
을 위한 업무집단의 집단역학적 훈련프로그램'을 계발하는
일에 참여했다. 그리고 이후에는 경제학과 행정학 및 사회
학 영역의 성인교육기관에서 프리랜서로서 집단역학적 훈
련과 자문 및 훈련을 수행하는 활동을 해 왔다. 현재는 대중
매체 학습프로그램의 개발에 중점을 두고 종사하고 있다.

Joachim Müller-Schwarz

하노버에 위치한 WPI(경제교육연구소)의 창립자이다. 그는
프랑크푸르트 대학교에서 교육학, 심리학 및 경영학 교육을
받았다. 미국에서 유학을 하고 응용의사소통 및 집단 연구
를 한 이후에는 조직 구성원 훈련과 지원의 영역에서 새로
운 방법을 개발해 왔다. 그는 기업을 초월하는 또는 기업 내
에서 활용했던 모든 코칭경험을 이 책에 반영하였다.

▮ 역자 소개 ▮

오현숙 Oh Hyunsook

독일 프랑크푸르트 대학교(J. W. Goethe University Frankfurt/M)에서 심리학 전공으로 학부, 석사, 박사과정을 마쳤다. 1999년에 동 대학교에서 임상 및 상담심리로 박사학위를 취득했다. 1999년부터 2001년까지 프랑크푸르트 대학병원 아동 및 청소년 정신병원에서 연구원으로 대규모 신경심리 연구와 심리평가 업무를 수행하였으며 귀국 후에는 2년여간 심리치료자 및 연구소장으로 활동하였다. 2010년도에는 세인트루이스의 워싱턴 대학교(Washington University in St. Louis)에서 교환교수로 있으면서 C. R. Cloninger의 행복심리치료(Well-being Psychotherapy; Coherence Therapy)를 연구하였다. 한국심리학회 및 한국임상심리학회 정회원이며 한국여성심리학회 회장을 지냈고 한국문화및사회문제심리학회 회장직을 수행 중이다. 2004년부터 한신대학교에서 교수로 재직 중이다.

[주요 저 · 역서]

FACT-Ⅱ 개인적응형 주의력 검사. 전문가 지침서. 서울: 학지사
　　(2018).

Anneliese Ude-Pestel 저. 놀이치료 · 아동심리치료로 행복을
　　되찾은 아메트. 서울: 학지사(2014).

TCI, 기질 및 성격검사(유아용, 아동용, 청소년용, 성인용). 서
　　울: 마음사랑(공저, 2007).

Anneliese Ude-Pestel 저. 놀이치료로 행복을 되찾은 아이, 베
　　티. 서울: 학지사(2005) 등.

대인관계 능력 및 리더십 향상을 위한

집단코칭
Gruppen Training
Erfolgreich arbeiten in und mit Gruppen

2019년 8월 25일 1판 1쇄 인쇄
2019년 8월 30일 1판 1쇄 발행

지은이 • Rainer E. Kirsten · Joachim Müller-Schwarz
옮긴이 • 오현숙
펴낸이 • 김진환
펴낸곳 • (주)**학지사**
　　　　04031 서울특별시 마포구 양화로 15길 20 마인드월드빌딩
대표전화 • 02-330-5114　　팩스 • 02-324-2345
등록번호 • 제313-2006-000265호

홈페이지 • http://www.hakjisa.co.kr
페이스북 • https://www.facebook.com/hakjisa

ISBN 978-89-997-1943-1　93180

정가 15,000원

출판 · 교육 · 미디어기업 **학지사**

간호보건의학출판 **학지사메디컬** www.hakjisamd.co.kr
심리검사연구소 **인싸이트** www.inpsyt.co.kr
학술논문서비스 **뉴논문** www.newnonmun.com
원격교육연수원 **카운피아** www.counpia.com

우주와
자연편

주·제·별·만·다·라·그·리·기·시·리·즈

만다라
그리기

정여주 지음

이 작은 책은 행복한 여행을 위한 초대장입니다

학지사

우주와
자연편

주·제·별·만·다·라·그·리·기·시·리·즈

만다라 그리기

정여주 지음

학지사

만다라 그리기 기대효과

- 집중력이 증가하며 고요한 상태를 경험한다.
- 마음이 평온해진다.
- 심리적 안정감을 얻게 된다.
- 활기와 기쁨을 얻게 된다.
- 감정 조절 능력이 증가한다.
- 수용적이고 너그러워진다.
- 마음의 중심을 발견한다.
- 자연과 우주와 일체감을 느낀다.
- 관찰력이 증가한다.
- 창의적 아이디어가 증가한다.
- 색 감각, 형태 감각, 미적 감각이 증가한다.
- 소근육 운동력과 손과 눈의 협응력을 높인다.
- 모든 존재에 대한 애정과 존엄성을 가진다.
- 내적 균형과 에너지의 통합을 이룬다.

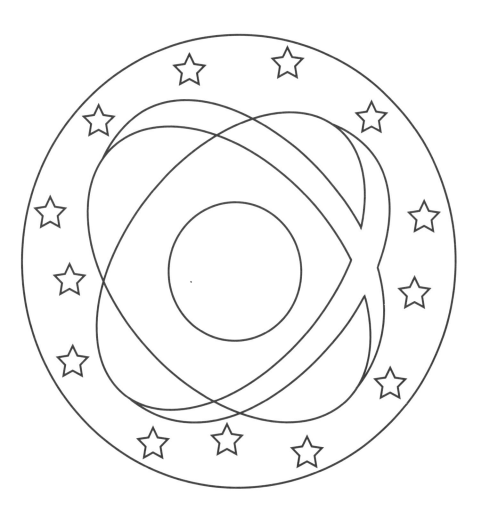

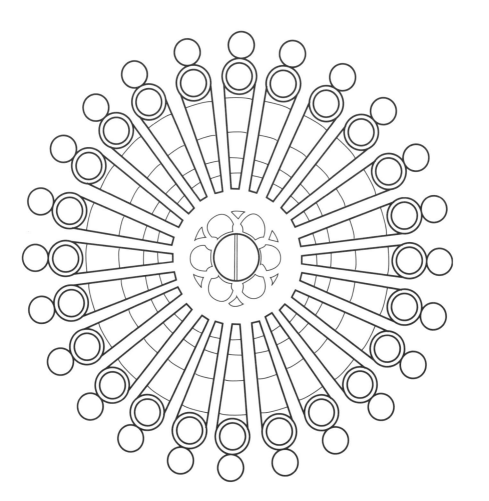

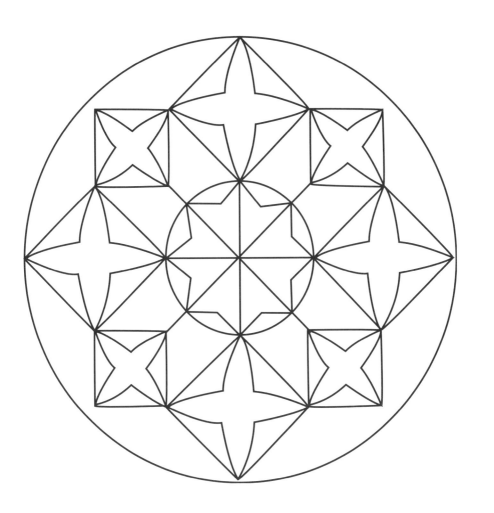

주·제·별·만·다·라·그·리·기·시·리·즈 전 7권

[각권 17,000원(각권 220면·스프링 제본*난이도별 5단계 구성) / 전권 119,000원]

1	2	3	4	5	6	7
식물편	동물편	곤충편	바다편	계절편	우주와 자연편	전통과 예술편

대·상·별·만·다·라·그·리·기·시·리·즈 전 50권

[대상별세트 35,000원(각권 56면·10권*보관함·색연필 제공) / 전권 175,000원]

	1	2	3	4	5	6	7	8	9	10
유아편	식물	동물	곤충	바다	계절	우주와 자연 1	우주와 자연 2	전통과 예술 1	전통과 예술 2	색종이 오리기
	11	12	13	14	15	16	17	18	19	20
아동편	식물	동물	곤충	바다	계절	우주와 자연 1	우주와 자연 2	전통과 예술 1	전통과 예술 2	색종이 오리기
	21	22	23	24	25	26	27	28	29	30
청소년편	식물	동물	곤충	바다	계절	우주와 자연 1	우주와 자연 2	전통과 예술 1	전통과 예술 2	색종이 오리기
	31	32	33	34	35	36	37	38	39	40
성인편	식물	동물	곤충	바다	계절	우주와 자연 1	우주와 자연 2	전통과 예술 1	전통과 예술 2	색종이 오리기
	41	42	43	44	45	46	47	48	49	50
노인편	식물	동물	곤충	바다	계절	우주와 자연 1	우주와 자연 2	전통과 예술 1	전통과 예술 2	색종이 오리기

(주)학지사 121-838 서울시 마포구 양화로 15길 20 마인드월드빌딩 / 문의 02) 330-5114

【비매품: 원본을 축소하여 제작한 샘플북입니다.】